Krempin/Mehler

Leitfaden Sprachförderung in der heterogenen Grundschule

Maren Krempin/Kerstin Mehler

Leitfaden Sprachförderung in der heterogenen Grundschule

Mit einem Vorwort von Rosemarie Tracy

BELTZ

Maren Krempin und *Kerstin Mehler* sind wissenschaftliche Mitarbeiterinnen am Mannheimer Zentrum für empirische Mehrsprachigkeitsforschung (MAZEM gGmbH). Sie beraten zu den Themen Spracherwerb, Mehrsprachigkeit, sprachliche Bildung und Sprachförderung und bilden Erzieher/innen und Lehrer/innen in diesen Bereichen fort.

mazem
Mannheimer Zentrum für
Empirische Mehrsprachigkeitsforschung

FSC
www.fsc.org
MIX
Papier aus verantwortungsvollen Quellen
FSC® C089473

Dieses Buch ist erhältlich als:
ISBN 978-3-407-63019-3 Print
ISBN 978-3-407-29516-3 E-Book (PDF)
1. Auflage 2017

in der Verlagsgruppe Beltz · Weinheim Basel
Werderstraße 10, 69469 Weinheim

Lektorat: Heike Gras
Layout/Reihenkonzept: glas ag, Seeheim-Jugenheim
Umschlaggestaltung: Victoria Larson
Umschlagabbildung: gettyimages © David Crunelle / EyeEm

Satz und Herstellung: Victoria Larson
Druck und Bindung: Beltz Bad Langensalza GmbH, Bad Langensalza
Printed in Germany

Weitere Informationen zu unseren Autoren und Titeln finden Sie unter: www.beltz.de

Inhalt

Vorwort **7**

1. Spracherwerb, sprachliche Bildung und Sprachförderung am Übergang Kita – Grundschule **9**

1.1 Drei Fallbeispiele zum Spracherwerb: Das Kinderhaus »Pusteblume« 10

1.2 Unterschiedliche Erwerbssituationen und deren Einfluss auf den Spracherwerb 11

1.3 Sprachliche Erwerbsaufgaben in der Grundschule 16

1.4 Sprachliche Anforderungen der Grundschule: Alltagssprache und Bildungssprache 19

1.5 Fazit 25

2. Sprachliche Bildung und Sprachförderung in der Grundschule: Ein Fallbeispiel **27**

2.1 Die Löwenzahn-Grundschule: Zahlen und Fakten 28

2.2 Bestandsaufnahme: Ist-Zustand der Sprachförderung an der Löwenzahn-Grundschule im aktuellen Schuljahr 30

2.3 Analyse: Reflexion des Ist-Zustandes 34

2.4 Abschließende Schlussfolgerungen aus der Bestandsaufnahme 39

Checkliste zur Erfassung und Reflexion des Ist-Zustandes der Sprachförderung an der Schule 41

3. Mögliche Organisationsformen von Sprachförderung in der Grundschule **42**

3.1 Organisationsformen von Sprachförderung 43

3.2 Sprachstandseinschätzung 56

3.3 Organisation der Sprachförderung an der Löwenzahn-Grundschule 61

Checkliste: Welche Organisationsform passt für unsere Schule? 69

4. **Inhaltliche Ausgestaltung der Sprachförderung** ... 70

4.1 Qualitätskriterien für Sprachförderung ... 71

4.2 Sprachsensibler (Fach-)Unterricht ... 80

4.3 Methoden der Sprachförderung ... 88

4.4 Beispiele für Sprachförderung im Regelunterricht und in der Kleingruppe (Best Practice) ... 93

4.5 Auswahl von Materialien für die Sprachförderung ... 97

4.6 Die inhaltliche Ausgestaltung der Sprachförderung an der Löwenzahn-Schule ... 102

Checkliste zur Selbstreflexion des eigenen Sprachverhaltens ... 108

Checkliste zur Auswahl und Zusammenstellung von Materialien für die Sprachförderung ... 111

5. **Ein paar Worte zum Abschluss** ... 113

Literatur ... 115

Anhang ... 120

Exkurs: Merkmale und Besonderheiten verschiedener Sprachen ... 121

Vorwort

Seit mehr als zehn Jahren und vor allem dank der internationalen Schulleistungsstudien der OECD (Stichwort PISA) haben Klagen über sprachliche Defizite und Themen wie »Sprachliche Bildung« und »Sprachförderung« einen festen Platz im Bildungsdiskurs und in den Medien. Dabei liegt sicher eine gewisse Ironie in der Mehrdeutigkeit der Bezeichnung »Schulleistungsstudie«: Geht es dabei um eine vergleichende Studie von Schulleistungen unserer Schüler/innen? Oder verbirgt sich dahinter ein Vergleich dessen, was Schulen leisten? Letztlich, so denke ich, sollte man zu dem Schluss kommen, dass beides optimierbar ist. Die Frage ist natürlich, wie man notwendige Veränderungen auf den Weg bringen kann.

Mittlerweile ist sehr viel in Fördermaßnahmen investiert worden. Vor allem Stiftungen, die Bundesländer, kirchliche und nicht-kirchliche Träger von Bildungseinrichtungen, Unternehmen und sonstige Sponsoren finanzierten Fördermaßnahmen und in manchen Fällen ihre Evaluation. Die Bundesländer führten vorschulische diagnostische Verfahren ein, und das Bundesministerium für Forschung BMBF schrieb Programme an der Schnittstelle von Forschung und Praxis aus. Träger von vorschulischen Einrichtungen und Schulbehörden organisieren Weiterqualifizierungsmaßnahmen für pädagogische Fachkräfte und Lehrer/innen. Aber die damit zweifellos einhergehende Verbesserung des Wissensstands und der Handlungsfähigkeit von Förderkräften und Lehrer/innen ist nur eine Seite der Medaille. Die Schaffung der Rahmenbedingungen, die es ermöglichen, das Erlernte am Arbeitsplatz Kita oder Schule einzusetzen, repräsentiert eine andere Seite, deren Umsetzung sich als besonders schwierig erweist, zumal sie in den seltensten Fällen kostenneutral erfolgen kann.

Zu den vielleicht wichtigsten konsensfähigen Erkenntnissen, die sich im Lauf der Jahre durchsetzen konnten, gehören aus meiner Sicht die Folgenden: Sprachförderung ist kein »Projekt«, das man nach einer Laufzeit von wenigen Monaten oder einem Jahr als erledigt abhaken kann. Beim Spracherwerb handelt es sich um einen Prozess, der sich in manchen Bereichen, z. B. bezüglich des Erwerbs des Wortschatzes, über ein ganzes Leben erstreckt. Auch für den Erwerb grammatischer Bereiche und insbesondere für die Aneignung stilistischer Ressourcen braucht man Zeit und Vorbilder. Will man diesen Prozess im positiven Sinn beeinflussen, das heißt in Gang setzen und am Laufen halten, bedarf es keiner Eintagsfliege, sondern einer »durchgängigen«, Bildungsabschnitte übergreifenden Förderung; vgl. dazu folgende Formulierung des FÖRMIG-Verbundes: »›Durchgängige Sprachbildung‹ beginnt in der Kita und setzt sich über die gesamte Bildungsbiographie bis in die beruflichen Schulen fort. Sie geht quer durch alle Fächer und bezieht alle an sprachlicher Bildung Beteiligte ein – das sind nicht nur die Lehrkräfte in der Schule, sondern auch die Eltern und außerschulische Partner« (vgl. www.foermig.uni-hamburg.de).

Um Kinder und Jugendliche nachhaltig sprachlich zu fördern, müssen bestimmte Rahmenbedingungen erfüllt sein: Kompetente Fachkräfte, ein starkes Team bzw. Kollegium, eine sprachsensible Unterrichtsgestaltung, eine resolute Leitung und ein vertrauensvolles Verhältnis zu den Eltern sind die wichtigsten Voraussetzungen. Das hier vorgelegte Buch geht detailliert auf diese Rahmenbedingungen ein. Es beruht auf aktuellen Forschungsergebnissen zum Spracherwerb und hinsichtlich der Implementierung von Maßnahmen auf den Einsichten eines Jahrzehnts vertrauensvoller Zusammenarbeit mit unterschiedlichen vorschulischen und schulischen Einrichtungen und ihren Trägern, aber auch mit Eltern.

Im Fall der Sprache wird eine durchgängige Förderung auf natürliche Weise dadurch erleichtert, dass Sprachförderung überall da möglich ist, wo mündlich und schriftlich kommuniziert wird. Hinzu kommt, dass sich Menschen im Allgemeinen Sprachen sehr systematisch aneignen und dass sich Fördermaßnahmen ebenso wie expliziter schulischer Sprachunterricht an der Progression des natürlichen Erwerbs orientieren können. Abgesehen von sprachsystematisch bedingten Gründen für eine natürliche Progression von Fördermaßnahmen ist eine sequenzielle Vernetzung über Einrichtungen hinweg wichtig, weil die Übergänge zwischen Institutionen prägende Momente im Leben von Kindern und Jugendlichen sind. Vielen ungünstigen Erwerbsbedingungen kann durch gezielte strukturelle und organisatorische Maßnahmen und mithilfe des Professionswissens von Lehrer/innen und Fachkräften begegnet werden. Die Exploration organisatorischer Möglichkeiten durch Teamteaching, Kleingruppenförderung etc. setzt hohe Kooperationsbereitschaft im Kollegium voraus, führt aber auch zur Verbesserung des Vernetzungspotenzials. Sprachförderung ist nämlich weder ein Projekt noch eine Aufgabe für Einzelkämpfer.

Als wichtiges Ziel wird in Orientierungs- und Bildungsplänen immer wieder die individuelle Förderung und Unterstützung genannt. Dies ist aber nur möglich, wenn der oder die Einzelne tatsächlich eine persönliche Ansprache, Wertschätzung als Gesprächspartner/in und Gelegenheit zum Sprechen erfährt. Der erfolgreiche Spracherwerb wird zu Recht als wichtige Voraussetzung für gesellschaftliche Teil-habe und Integration bezeichnet, setzt aber seinerseits Integration in ein soziales Netzwerk voraus, das zum neugierigen Zuhören und zur aktiven Verwendung einer Sprache herausfordert und ermutigt. Aber nicht nur einzelne Kinder bedürfen indi-vidueller Unterstützung. Unsere jahrelange Arbeit mit vielen Kitas und Schulen hat uns erkennen lassen, wie wichtig es ist, dass jede Institution, die sich die Sprachförderung auf die Fahnen schreibt, die im Kollegium bereits vorhandene Erfahrung, Kompetenz und Kreativität zur Erarbeitung eines auf die eigenen Bedürfnisse und Voraussetzungen zugeschnittenen Konzepts nutzen kann. Das hier vorliegende Buch führt uns auf ansprechende Weise vor Augen, wie es gelingen kann, die kommunikativen Ressourcen, welche Kinder und Erwachsene in Fördermaßnahmen und Unterricht einbringen können, besser zu verstehen.

Mannheim, den 11. September 2017 *Prof. Dr. Rosemarie Tracy*

1. Spracherwerb, sprachliche Bildung und Sprachförderung am Übergang Kita – Grundschule

Obwohl in den letzten Jahren sowohl auf Bundes- als auch auf Länderebene in verschiedenen Programmen wie »Sprach-Kitas« oder »Bildung durch Sprache und Schrift«[1] ein deutlicher Schwerpunkt auf sprachliche Bildung und Sprachförderung in der Frühpädagogik gelegt wurde (vgl. z. B. Preiss 2013; Bildungs- und Orientierungspläne der Länder), besteht auch nach dem Kita-Besuch bei vielen Kindern Förderbedarf in der deutschen Sprache, der Lehrerinnen und Lehrer im Elementarbereich vor spürbare Herausforderungen stellt. Warum ist das so?

Wir möchten unseren Blick an dieser Stelle zunächst auf die Perspektive des kindlichen Spracherwerbs bzw. auf die Erwerbsaufgaben richten:

Der Spracherwerb, so mühelos er in der frühen Kindheit auch erscheinen mag, erstreckt sich über viele Jahre. Obwohl sich die meisten einsprachigen deutschen Kinder bereits im Alter von vier Jahren die Grundlagen der deutschen Grammatik und einen umfangreichen Wortschatz angeeignet haben, existieren darüber hinaus zahlreiche sprachliche Herausforderungen, denen Kinder im Grundschulalter begegnen müssen. Dazu gehören beispielsweise die kontinuierliche Erweiterung des Wortschatzes, der Erwerb komplexer grammatischer Strukturen oder die Auseinandersetzung mit Schrift- bzw. Bildungssprache (Tracy 2008; Müller et al. im Erscheinen; Schulz 2007 Schulz 2007; vgl. dazu auch Kapitel 1.3 »Sprachliche Erwerbsaufgaben in der Grundschule«).

Kinder, die Deutsch als zweite oder gar dritte Sprache erwerben, verfügen häufig am Ende der Kindergartenzeit nicht über die gleichen sprachlichen Fähigkeiten wie ihre deutschen Klassenkameraden. Auch dann nicht, wenn wir im positiven Fall davon ausgehen, dass sowohl die Erwerbsbedingungen als auch die sprachliche Begleitung und Förderung in der Kita als gelungen betrachtet werden können. Um dies praktisch zu verdeutlichen, schauen wir uns zunächst drei Fallbeispiele aus dem fiktiven Kinderhaus »Pusteblume« an. Wir haben hier mit Bedacht eher positive Beispiele gewählt, da wir zeigen möchten, dass Kinder auch bei guter bzw. grundsätzlich leistbarer Unterstützung durch ihre unmittelbaren Bezugspersonen und bei kompetenter Begleitung durch frühpädagogische Bildungseinrichtungen durchaus sprachlichen Unterstützungsbedarf zu Beginn und während der Grundschulzeit aufweisen können. Diese Kinder werden Ihnen daher auch in nachfolgenden Kapiteln wieder begegnen.

Natürlich gibt es neben den beschriebenen Fallbeispielen eine Vielzahl an Erwerbssituationen und institutionellen Rahmenbedingungen, die sich deutlich schwieriger

1 Siehe z. B. http://www.fruehe-chancen.de/; http://www.biss-sprachbildung.de (Aufruf: 30.08.2017)

gestalten und die für die sprachliche Entwicklung von Kindern weniger förderlich sind. Die Anforderungen der Grundschule und die damit verbundenen sprachlichen Herausforderungen bleiben aber letztlich für alle die gleichen.

1.1 Drei Fallbeispiele zum Spracherwerb: Das Kinderhaus »Pusteblume«

Das Kinderhaus Pusteblume liegt im zentrumsnahen Stadtteil einer deutschen Großstadt und vereint Krippe, Kindergarten und Hort unter einem Dach. Hier werden Kinder mit unterschiedlichem Migrationshintergrund betreut – der Anteil an Kindern, die nicht mit Deutsch als Erstsprache aufwachsen, liegt bei ungefähr 80 Prozent.

Für die pädagogischen Fachkräfte aus dem Kinderhaus Pusteblume ist sprachliche Bildung ein Schwerpunkt ihrer Arbeit. Regelmäßig besucht das Team Fortbildungen zum Thema und reflektiert das eigene Sprachverhalten. Abgesehen von der sprachlichen Begleitung aller Kinder im pädagogischen Alltag initiieren die beiden Sprachförderkräfte der Einrichtung für Kinder im letzten Kindergartenjahr spezifische Förderangebote in Kleingruppen mit vier bis sechs Kindern. Um den Kindern den Übergang in die Grundschule zu erleichtern, kooperieren die Erzieher/innen mit Lehrkräften der nahegelegenen Grundschule. Wir stellen Ihnen hier drei Kinder aus der Einrichtung und deren Sprachbiografie näher vor.

Murat

Murat ist sechs Jahre alt und steht kurz vor der Einschulung. Seine Eltern sprechen von Geburt an ausschließlich Türkisch mit ihm, da beide nur über Grundkenntnisse der deutschen Sprache verfügen. Murat kommt mit drei Jahren ins Kinderhaus Pusteblume und dort auch erstmalig in Kontakt mit der deutschen Sprache. Aufgrund seiner offenen und kommunikativen Art findet er sofort viele Freunde und macht schnell Fortschritte im Deutschen. Murats Eltern achten darauf, dass er das Kinderhaus regelmäßig besucht. Sie sind sehr an seiner gesamten Entwicklung interessiert und erkundigen sich häufig darüber. Ein Jahr vor der Einschulung wird anhand der Schuleingangsuntersuchung festgestellt, dass Murat in einigen sprachlichen Bereichen »Nachholbedarf« hat. Die Eltern äußern sich besorgt und fürchten, dass Murat den Anforderungen der Grundschule nicht gerecht wird. Murat nimmt daraufhin an der gezielten Kleingruppenförderung im letzten Kindergartenjahr teil.

Amina

Amina wird zusammen mit Murat eingeschult. Sie wächst zweisprachig in einem bildungsorientierten Elternhaus auf – der Vater spricht türkisch, die Mutter deutsch. Beide Eltern kommunizieren gerne und viel mit Amina, das regelmäßige Vorlesen in beiden Sprachen gehört zum Familienritual. Aufgrund der Berufstätigkeit beider Eltern hat Amina in der »Pusteblume« bereits die Krippe besucht. Sie entwickelt sich im Vergleich zu ihren deutschsprachigen Altersgenossen im Deutschen zunächst langsamer, holt den vermeintlichen »Rückstand« aber schnell wieder auf. Die sprachlichen Anforderungen der Schuleingangsuntersuchung bereiten ihr keine Probleme, ihre Kompetenzen im Deutschen unterscheiden sich in der Wahrnehmung der Erzieher/innen nicht von denen ihrer einsprachig deutschen Freundinnen.

Sina

Auch die deutschsprachige Sina wird in Kürze eingeschult. Sinas Mutter ist alleinerziehend und berufstätig, daher wird auch Sina seit Beginn des zweiten Lebensjahres in der Krippe des Kinderhauses Pusteblume betreut. Sinas Mutter arbeitet Teilzeit im Einzelhandel, die finanziellen Mittel sind häufig knapp und die Möglichkeiten für Freizeitbeschäftigungen eingeschränkt. Sina verbringt bereits im frühen Kindesalter sehr viel Zeit vor dem Fernseher. Den Erzieher/innen aus der »Pusteblume« fällt auf, dass Sina im Vergleich zu anderen deutschsprachigen Kindern über einen geringeren Wortschatz verfügt.

1.2 Unterschiedliche Erwerbssituationen und deren Einfluss auf den Spracherwerb

Die Fallbeispiele zeigen, dass es neben dem **Erstspracherwerb**[2] – Sina wächst von Beginn an mit nur einer Sprache auf – weitere Erwerbssituationen gibt: Amina und Murat sind charakteristische Beispiele für unterschiedliche Spracherwerbstypen im Bereich Mehrsprachigkeit.

Amina erwirbt Deutsch und Türkisch gleichzeitig. In diesem Fall spricht man vom **doppelten Erstspracherwerb**. Die beiden Sprachen werden wie eine Erstsprache von Geburt an erworben, spätestens aber beginnt der Erwerb der zweiten Sprache bis zum Alter von zwei Jahren. Der doppelte Erstspracherwerb verläuft unter normalen Bedingungen erfolgreich, d. h. wenn Kinder in beiden Sprachen genügend Input erhalten (Tracy 2008). Da Amina zusätzlich zum sprachlichen Angebot der Mutter im Deutschen bereits in frühem Alter im Kinderhaus mit deutschsprachigem Input konfrontiert ist, fühlt sie sich in der deutschen Sprache etwas sicherer als im Türkischen. Eine Situation, die auf die meisten zweisprachigen Menschen zutrifft: Der Erwerb beider Sprachen verläuft häufig unausgewogen. Oft gibt es – je nach Input und Rahmenbedingungen – eine stärkere und eine schwächere Sprache. Nicht immer werden beide Sprachen gleichermaßen gern und sicher in jedem Kontext verwendet. Auch kann sich die Präferenz für eine der Sprachen im Laufe der Zeit wieder ändern (Tracy 2008).

---

2 Gleichbedeutend mit Erwerb der Muttersprache

Wir könnten also sagen, Amina habe (im Deutschen) einen zeitlichen »Erwerbsvorteil« gegenüber Murat, der erst später in ein deutschsprachiges Umfeld eintaucht. Er lernt Deutsch **als frühe Zweitsprache** (DaZ).

Vom frühen Zweitspracherwerb spricht man, wenn Kinder eine zweite Sprache ungefähr im Alter zwischen zwei und fünf Jahren ohne gezielten Unterricht, d. h. in natürlichen Kommunikationssituationen erwerben. In diesem Alter ist der Zweitspracherwerb in vielen Aspekten dem einsprachigen oder doppelten Erstspracherwerb ähnlich und langfristig oft genauso erfolgreich, er weist aber auch spezifische Charakteristika auf (Rothweiler 2006; Tracy 2008, Tracy 1991).

Beginnt der ungesteuerte Erwerb der zweiten Sprache später, gleicht er zunehmend dem **späten Zweitspracherwerb** von Erwachsenen (Chilla 2008; Rothweiler/Ruberg 2011). Dieser zeichnet sich beispielsweise dadurch aus, dass Lerner Fehler machen, die im kindlichen Erst- und Zweitspracherwerb nicht vorkommen, oder dass die sprachliche Entwicklung »fossilisiert«, d. h. an einem bestimmten Punkt stagniert. Nur sehr wenige Erwachsene vermögen an die Sprachkompetenz einsprachiger Sprecher heranzureichen – obwohl dies rein theoretisch möglich wäre (Klein 2007). Bei ausreichend hoher Motivation können aber auch Lerner, die erst im jugendlichen Alter oder später mit dem Zweitspracherwerb beginnen, sehr gute Ergebnisse erzielen (Rothweiler/Ruberg 2011).

Spätestens mit Beginn der Grundschulzeit werden verschiedene Sprachen auch institutionell, d. h. als »Fremdsprache« vermittelt. Für viele Kinder nichtdeutscher Erstsprache vermischen sich dann die Erwerbsformen, da die deutsche Sprache einerseits auf dem Schulhof, im Gespräch mit deutschen Klassenkameraden etc. »natürlich« erworben wird, andererseits (u. a. im Deutschunterricht) auch gezielt gelehrt wird. Die Aneignung von Sprache vollzieht sich damit zunehmend bewusster.

Der Zeitpunkt des Erwerbsbeginns ist aber grundsätzlich nur einer von vielen Faktoren, die den Spracherwerb beeinflussen. Welches sind weitere wichtige Größen? Ein Gesichtspunkt, den es zu berücksichtigen gilt, ist die **Kontaktzeit** mit der zu erwerbenden Sprache.

Um bei unseren Kindern zu bleiben: Es ist nicht nur wichtig zu wissen, wie alt ein Kind ist, sondern auch, **seit wann** es überhaupt Kontakt zur deutschen Sprache hat. So hat Amina bereits länger Kontakt zur deutschen Sprache als Murat und ist dadurch trotz gleichen Alters im Spracherwerbsprozess weiter fortgeschritten als er. Die Kontaktzeit liefert wichtige Anhaltspunkte, um einschätzen zu können, ob bzw. wie sich ein Kind mit Deutsch als Zweitsprache entwickelt. So nimmt man an, dass DaZ-Kinder, die im Alter von bis zu vier Jahren mit dem Erwerb des Deutschen beginnen, die grundlegenden deutschen Satzstrukturen (Haupt-, Neben- und Fragesätze) innerhalb von 8 bis 18 Monaten erwerben (Thoma/Tracy 2006). Zum Vergleich: Einsprachige deutsche Kinder haben sich diese Strukturen durchschnittlich im Alter von 30 bis 42 Monaten erschlossen (Rothweiler/Ruberg 2011).

Auf die Kontaktzeit kommt es an!

»Aykut ist schon fast 8 Jahre alt und kann immer noch keinen vollständigen deutschen Satz bilden! Und dabei ist er in Deutschland geboren!«
Das Alter eines Kindes und die Aufenthaltsdauer in Deutschland allein geben uns keine Hinweise auf die zu erwartende Sprachkompetenz! Vielmehr muss berücksichtigt werden, wie lange ein Kind tatsächlich regelmäßigen Kontakt zu quantitativ und qualitativ reichhaltigem sprachlichen Input (z. B. im Kindergarten) hat, also wie lange die Kontaktzeit ist.

Neben dem Alter bei **Erwerbsbeginn** und der **Kontaktzeit** mit der jeweiligen Sprache spielen auch **sprachspezifische Faktoren** und **Umweltfaktoren** bei der Sprachentwicklung eine Rolle (Rothweiler/Ruberg 2011).

Zu den sprachspezifischen Faktoren zählen **sprachlicher Transfer** sowie **Sprachwechsel (Codeswitching)** und **Sprachmischungen**. »Sprachlicher Transfer« bezeichnet ein Phänomen des Einflusses von einer Sprache auf eine andere. Der Einfluss macht sich beispielsweise dadurch bemerkbar, dass sprachliche Strukturen aus der einen Sprache in die andere übertragen werden. Dies kann positive Effekte haben, wenn beide Sprachen sich strukturell ähnlich sind (wie z. B. das Niederländische und Deutsche in Bezug auf die Wortstellung) – man spricht in diesem Fall von **positivem Transfer** (Bickes/Pauli 2009). Sind in der Erstsprache bestimmte Strukturen nicht vorhanden, die in der Zweitsprache realisiert werden müssen, kann es mitunter zu **negativem Transfer**[3] kommen. Ein Beispiel hierfür wäre das Auslassen von Artikeln im Deutschen bei Sprechern mit Türkisch als Erstsprache, da im Türkischen keine Artikel vorkommen. Transfer findet sich auf allen sprachlichen Ebenen (Bickes/Pauli 2009, S. 97 f.).

Transfer-Phänomene sind vor allem für den erwachsenen Zweitspracherwerb gut belegt. Für das Kindesalter sind die Ergebnisse weniger eindeutig und nicht immer klar von anderen Erwerbsphänomenen zu trennen. Grundsätzlich kann festgehalten werden, dass »je älter ein Kind zu Beginn des Zweitspracherwerbs ist, desto eher sind Transferphänomene zu beobachten, wie sie aus dem Zweitspracherwerb Erwachsener bekannt sind. Kinder allerdings überwinden diese Formen sehr viel leichter als Erwachsene« (Ruberg/Rothweiler 2011, S. 14).

Der Begriff **Codeswitching** bezeichnet das Wechseln zwischen verschiedenen Sprachen bei mehrsprachigen Personen. Der Wechsel kann sich am Ende einer gemachten Äußerung vollziehen, aber auch innerhalb einer Äußerung (Tracy 2008).

Auch Kinder machen Gebrauch von Codeswitching – beispielsweise als Ressource, um sich Bestandteile aus einer Sprache auszuleihen, die in der anderen Sprache (noch) nicht vorhanden sind. Folgende Beispiele des Mädchens Hannah aus Tracy (2008, S. 117) zeigen dies auf anschauliche Weise. Hannah wächst gleichzeitig mit Deutsch und Englisch auf und ist zum Zeitpunkt der Äußerungen zwischen 2;4[4] und 2;8 Jahre alt:

---

3 Negativer Transfer wird auch als *Interferenz* bezeichnet (Bickes/Pauli 2009, S. 97).
4 2 Jahre und 4 Monate

a) »kannst du move a bit?
b) soll ich hit it?
c) sie haben gone away
d) ich hab gemade you much better
e) Mama, kannst du do it up?«

Codeswitching ist kein Anzeichen dafür, dass bilinguale Kinder nicht in der Lage sind, ihre Sprachen zu trennen. Auch ist ihnen bereits sehr früh bewusst, in welchen Situationen Sprachwechsel angebracht sind (z. B. in der Kommunikation mit ebenfalls bilingualen Sprechern) und wann nicht (Ruberg/Rothweiler 2011; Tracy 2008).

> »Code-Switching geschieht nicht aus Verlegenheit oder Unkenntnis, sondern folgt einem komplexen System soziolinguistischer Faktoren sowie pragmatischer und grammatischer Regeln beider Sprachen. Daher tritt es gerade bei steigenden bilingualen Kompetenzen vermehrt auf« (Bickes/Pauli 2009, S. 85).

Kommen wir schließlich noch kurz zu den Umweltfaktoren. Ruberg und Rothweiler (2011) nennen hier den **Umfang** und die **Qualität des sprachlichen Angebots, strukturelle Aspekte in Kindertageseinrichtungen, Motivation,** den **familiären Sprachgebrauch** sowie **Bildungshintergrund.**

Voraussetzungen für einen gelingenden Sprach(en)erwerb ist ein entsprechendes sprachliches Angebot, und zwar sowohl quantitativ als auch qualitativ. Kinder mit Deutsch als Zweitsprache sind hier insofern im Nachteil, als dass ihnen – im Vergleich zu deutschsprachigen Kindern – ein weniger umfangreiches Angebot zur Verfügung steht und sie bis zum Schuleintritt weniger Zeit haben, ihre Deutschkompetenzen auszubauen (Ruberg/Rothweiler 2012; Tracy 2008).

An dieser Stelle rücken auch die Kindertageseinrichtungen ins Blickfeld, die in Bezug auf das fehlende (qualitative) Sprachangebot im Deutschen kompensatorisch tätig werden sollen. Der Blick auf die Rahmenbedingungen elementarpädagogischer Einrichtungen zeigt, dass die (personalen) Ressourcen hierfür nicht immer zur Verfügung stehen (Ruberg/Rothweiler 2012).

Neben der Motivation, eine zweite Sprache zu erwerben, spielen auch der Sprachgebrauch in der Familie (welche Sprachen werden wann und von wem gesprochen?) sowie der Bildungshintergrund der Eltern eine Rolle.

Sprache der Eltern

Eltern sollten grundsätzlich in der Sprache mit ihren Kindern sprechen, die sie selbst gut beherrschen und in der sie sich wohlfühlen! Sie sind wichtige sprachliche Vorbilder für die entsprechende Sprache. Wenn dies nicht Deutsch ist, müssen erste Bildungseinrichtungen wie Krippe oder Kindergarten den nötigen Input im Deutschen liefern (Lemke/Tracy 2009; Tracy 2008).

Wie die angeführten Beispiele illustrieren, können sprachliche Erwerbsbedingungen und -voraussetzungen sehr unterschiedlich sein. Obwohl grundsätzlich empirische Belege für den Verlauf des (mehrsprachigen) Spracherwerbs und somit viele Anhaltspunkte für die pädagogische Praxis existieren, bleibt es wichtig, sich zu vergegenwärtigen, dass es nicht »den« Spracherwerb gibt (Klein 2007). Ein individueller Blick aufs Kind und dessen (Sprach-)Biografie ist deshalb zentral für jegliche Förderbemühungen.

Es bleibt aber wichtig, festzuhalten, dass Mehrsprachigkeit an sich keine Überforderung für Kinder darstellt. Die Erstsprache »behindert« auch keinesfalls das Erlernen einer weiteren Sprache (Engin 2013). Für die pädagogische Praxis bedeutet dies vor allem eins:

> »Die Erstsprache hat eine wichtige Sozialisationsfunktion für die betroffenen Kinder, weshalb sie auch in der Schule akzeptiert und positiv unterstützt werden sollte. Sie hat im Rahmen der zweisprachigen Erziehung einen eigenständigen Stellenwert und sollte nicht auf die Funktion einer ›Hilfssprache‹ für den Erwerb der Zweitsprache reduziert werden. Auch im DaZ-Unterricht dürfen die Kinder nicht auf ihre Zweitsprache reduziert werden, sondern sind als Kinder mit zwei Sprachen ernst zu nehmen« (Rösch 2001, S. 15).

Mythen über den Sprach(en)erwerb

Mythos 1: Kinder, die mit mehreren Sprachen aufwachsen, können ja keine Sprache richtig!

Was heißt es eigentlich, eine Sprache richtig zu beherrschen? Mehrsprachigkeit bedeutet nicht, dass ein Mensch doppelt einsprachig ist, also dass die Sprachkompetenz in allen Sprachen exakt gleich entwickelt ist. Möglicherweise sind bestimmte Wortschatzbereiche (z. B. schul- oder berufsbezogene Wörter) nur in einer Sprache vorhanden. Oder aber es wurde in einer Sprache ein spezifischer Dialekt erworben und der Sprecher kann das sprachliche Register »Hochsprache« nicht anwenden – ein Phänomen, das im Übrigen auch bei vielen einsprachigen Deutschsprechern zu finden ist. Würden wir dann den Schluss ziehen, dass der Sprecher seine Sprache nicht richtig kann? Wir sollten also eher unsere Erwartungshaltung an die Sprachkompetenz Mehrsprachiger überdenken, als deren Sprachkompetenz negativ zu bewerten!

Mythos 2: Kinder können die Sprachen im Kopf nicht richtig auseinanderhalten. Deswegen vermischen sie die Sprachen!

Mehrsprachige Sprecher nutzen die verschiedenen Sprachen, die sie beherrschen, weil sie es können! Was spricht dagegen, sich z. B. ein Wort aus einer anderen Sprache auszuleihen, wenn es dem Sprecher schneller einfällt und er oder sie genau weiß, dass der Zuhörer ebenfalls beide Sprachen beherrscht? Je nach Thema der Kommunikation kommen Mehrsprachige auch gar nicht ohne diese Strategien aus, weil es ein spezifisches Wort wie *Einwohnermeldeamt* oder *Elternbeirat* in anderen Sprache nicht gibt. Codeswitching ist kein Zeichen von »Sprachverwirrung«, sondern zeigt vielmehr den kompetenten und kreativen Umgang mit mehreren Sprachsystemen.

Auch bei Kindern, die Deutsch als Erstsprache erwerben, ist der Spracherwerb in der Grundschulzeit noch nicht vollständig abgeschlossen. Wir geben im Anschluss einen Überblick über die sprachlichen Erwerbsaufgaben am Übertritt zur Primarstufe.

1.3 Sprachliche Erwerbsaufgaben in der Grundschule

Weiter oben haben wir bereits erwähnt, dass sich normal entwickelte, deutschsprachige Kinder die grundlegenden Satzstrukturen des Deutschen im Alter von 30 bis 42 Monaten erschlossen haben (Rothweiler/Ruberg 2011; Tracy 1991). Dazu gehören die Produktion und das Verständnis von Haupt- und Nebensätzen sowie von einfachen Fragesätzen. Während das Verständnis von einfachen W-Fragen (*Wo ist die Puppe?*, *Was kocht Mama?*) im Alter von vier Jahren gesichert ist, bereiten Kindern andere Frageformate größere Probleme, wie beispielsweise die sogenannten exhaustiven (erschöpfenden) W-Fragen (Schulz 2007), deren Bedeutung sich Kinder erst im Alter von ca. fünf Jahren erschlossen haben (Roeper 2006, zitiert nach Schulz 2007). Hierzu ein kurzes Beispiel: Die Frage *Wer trägt heute einen schwarzen Pullover?* erfordert eine Antwort, die tatsächlich alle infrage kommenden Personen einschließt (d.h. nicht nur eine, sofern wirklich mehrere Personen einen schwarzen Pullover tragen). Das verstehen jüngere Kinder noch nicht, sie benennen in der Regel nur eine einzige Person (Schulz 2007).

Das Lautinventar des Deutschen haben sprachlich altersgemäß entwickelte Kinder zum Zeitpunkt der Einschulung vollständig erworben (Ruberg/Rothweiler 2012; Tracy 2008). Der Umfang des aktiven Wortschatzes umfasst im Alter von sechs Jahren ca. 3 000 bis 5 000 Wörtern, passiv werden zwischen 9 000 und 14 000 Wörtern verstanden (Schulz 2007). Woran »arbeiten« Kinder in der Grundschulzeit also noch in Bezug auf ihre sprachlichen Fähigkeiten?

Bleiben wir zunächst beim Wortschatz. Dieser ist zwar inzwischen auf eine stattliche Größe angewachsen (s.o.), dennoch gibt es natürlich auch weiterhin viele neue »Wortschätze« zu entdecken. Studien legen nahe, dass pro Schuljahr ungefähr 3 000 neue Wörter eingeführt werden. Allerdings werden, nur wenige hundert davon explizit im Unterricht erklärt und besprochen – dazu gehören beispielsweise Fachwörter im Mathematikunterricht oder spezifische Tier- und Pflanzennamen im Sachunterricht (Apeltauer 2008).

Viele komplexe Wortzusammensetzungen (*Pausenaufsicht*, *Wochenplanarbeit*) oder Adjektive mit bestimmten Nachsilben (*sorg<u>sam</u>* oder *hör<u>bar</u>*) werden nicht zwingend mit Schüler/innen besprochen, obwohl diese gleichermaßen unbekannt sein können. Die Bedeutung dieser Wörter müssen sich die Schüler/innen dann selbst erschließen – z.B. durch den Kontext, in dem diese verwendet werden, oder indem ein Wort wie *Wochenplanarbeit* in seine Wortbestandteile zerlegt wird. Schüler/innen mit einem vergleichsweise großen Wortschatz fällt dies leichter als Schüler/innen, deren Wortschatz geringer ausfällt (Apeltauer 2008).

Auch das Verständnis von Mengenausdrücken wie *jeder* oder *alle* kann für Kinder mit Deutsch als Erstsprache in der Grundschulzeit noch schwierig sein – Aufforderungen wie *Jeder, der die Hausaufgaben aufgeschrieben hat, darf in den Hof gehen* werden also tatsächlich von manchen Kindern nicht verstanden. Wenn daher nach der oberen Äußerung alle Kinder gleichzeitig aufspringen und in den Pausenhof rennen, ist das nicht zwingend der Tatsache geschuldet, dass die Schüler/innen sich Ihren Anweisungen widersetzen möchten!

Das komplexe deutsche Plural- und Kasussystem kann auch zu Beginn der Grundschulzeit noch Schwierigkeiten bereiten. Dies äußert sich dahingehend, dass bei der erforderlichen Verwendung der grammatischen Fälle Dativ und Genitiv Artikel oder Adjektive nicht zielsprachlich angepasst werden (*Wir fahren mit *den *roten Auto*).[5]

Was bedeutet all das nun für Kinder mit Deutsch als Zweitsprache? Die Beispiele haben gezeigt, dass auch deutsche Kinder im Grundschulalter noch an sprachlichen Phänomenen arbeiten müssen. Das heißt vor allem, dass man von DaZ-Kindern nicht erwarten kann, dass sie sich »im Schnelldurchlauf« (z. B. während des ersten Schuljahres) den deutschen Kindern annähern.

Verdeutlichen Sie sich noch einmal folgendes Szenario: Wenn ein Kind im Alter von drei Jahren in den Erwerb des Deutschen einsteigt, dann hat es zum Zeitpunkt der Einschulung mehr oder weniger regelmäßig drei Jahre Kontakt zur deutschen Sprache gehabt. Je nachdem in welchem Umfang und wie regelmäßig das Kind einen Kindergarten besucht hat und welche deutschsprachigen Kontakte außerhalb der Einrichtung für das Kind zur Verfügung stehen, muss diese Kontaktzeit von drei Jahren noch einmal relativiert werden.

Rechnen Sie einmal nach: Wie viele Stunden deutschsprachigen Input erhält ein Kind, das täglich vier bis sechs Stunden einen Kindergarten besucht und außerhalb dieser Zeit keine deutschsprachigen Freunde oder Verwandte trifft, ungefähr pro Monat – vorausgesetzt, es wird nicht krank und es liegen keine Schließtage des Kindergartens in diesem Monat? Ist es realistisch, von diesem Kind zum Zeitpunkt der Einschulung das gleiche Sprachkompetenzniveau wie von einsprachigen, deutschen Mitschüler/innen zu erwarten?

Auf Seite 12 haben wir bereits erwähnt, dass sich Kinder, die Deutsch als Zweitsprache im Alter zwischen zwei und vier Jahren erwerben, relativ zügig die grundlegenden Satzstrukturen des Deutschen angeeignet haben. Größere Probleme haben diese Kinder mit morphologischen[6] Feinheiten, z. B. mit dem deutschen Genus- und Kasussystem. Es dauert in der Regel drei bis vier Kontaktjahre (!) mit dem Deutschen, bis diese Kinder das System »geknackt« haben (Schulz/Grimm 2012; Tracy 2008). Die Darstellung des deutschen Artikelparadigmas in Abbildung 1 veranschaulicht, warum dies der Fall ist.

5 Grammatikalisch falsche Wörter oder Strukturen sind mit einem Sternchen (*) markiert.

6 Die Ebene der Morphologie beschäftigt sich mit Wortbildung und Wortformen (vgl. dazu Tracy 2008, S. 27).

Numerus/Anzahl: Singular (Einzahl)			
Kasus/Fall	Genus/Geschlecht		
	maskulin	feminin	neutrum
Nominativ (Wer-Fall)	der	die	das
Akkusativ (Wen-Fall)	den	die	das
Dativ (Wem-Fall)	dem	der	dem
Genitiv (Wessen-Fall)	des	der	des

Numerus/Anzahl: Plural (Mehrzahl)			
Kasus/Fall	Genus/Geschlecht		
	maskulin	feminin	neutrum
Nominativ (Wer-Fall)	die	die	die
Akkusativ (Wen-Fall)	die	die	die
Dativ (Wem-Fall)	den	den	den
Genitiv (Wessen-Fall)	der	der	der

Abbildung 1: Artikelparadigma des Deutschen

Die Abbildung zeigt, wie sich der männliche (*der*), weibliche (*die*) und sächliche (*das*) Artikel über die unterschiedlichen Kasus des Deutschen verteilen. Dabei wird deutlich, dass Artikel zum Teil mehrfach über unterschiedliche Geschlechter hinweg verwendet werden, z. B. *die* für den Nominativ/weiblich in der Einzahl (*Die Frau geht einkaufen*), aber auch für den Nominativ/männlich im Plural (*Die Männer gehen einkaufen*). Eine einfache Regel aus Lernerperspektive wie »männliche Personen werden mit *der*, weibliche mit *die* und sächliche mit *das* bezeichnet« greift also nicht.

Im Umgang mit DaZ-Schüler/innen brauchen Sie daher zum Zeitpunkt der Einschulung (bzw. dem späteren Eintritt in die Grundschule) vor allem eins: Geduld! Kinder benötigen eine gezielte Unterstützung und die nötige Zeit, um den Spracherwerbsprozess weiter vorantreiben zu können (vgl. Kapitel 1.2 »Unterschiedliche Erwerbsituationen und deren Einfluss auf den Spracherwerb«).

Denn als wäre die Aneignung alltagssprachlicher Fähigkeiten nicht schon genug, wird in der Grundschule noch der kompetente Umgang mit einem weiteren sprachlichen Register gefordert: der »Bildungssprache«. Im folgenden Abschnitt zeigen wir Ihnen, welche sprachlichen Merkmale das Register Bildungssprache ausmachen und warum diese bei vielen Schüler/innen zu Problemen führen.

1.4 Sprachliche Anforderungen der Grundschule: Alltagssprache und Bildungssprache

Die Grundschule stellt grundsätzlich komplexere sprachliche Anforderungen an Kinder als der Elementarbereich. Neben der Vermittlung von Lese- und Schreibfähigkeiten (**Alphabetisierung**) werden die Kinder hier mit einem neuen sprachlichen Register konfrontiert – der Bildungssprache. Was ist darunter zu verstehen?

Bildungssprache

Auch wenn alle Sprecher des Deutschen grundsätzlich eine gemeinsame Sprache sprechen, verwenden wir das Deutsche in verschiedenen Kontexten ganz unterschiedlich: Mit einem sehr guten Freund plaudern Sie vermutlich anders als mit Ihrem Vorgesetzten. Die beiden Gespräche werden sich sowohl inhaltlich als auch in der gewählten Sprachform unterscheiden.

Das gilt auch für den Sprachgebrauch in der Schule: Der schulische Kontext erfordert es, dass sowohl alltägliche als auch fachliche Themen unabhängig von der jeweiligen Situation eindeutig und angemessen ausgedrückt werden. Neben einem entsprechenden (Fach-)Wortschatz (s. o.) bedarf es hierfür auch bestimmten grammatischen Strukturen. Im schulischen Zusammenhang spricht man daher häufig von »Bildungssprache«. Nach Feilke (2012, S. 5) versteht man unter Bildungssprache »die besonderen sprachlichen Formate und Prozeduren einer auf Texthandlungen wie Beschreiben, Vergleichen, Erklären, Analysieren, Erörtern etc. bezogenen Sprachkompetenz, wie man sie im schulischen und akademischen Bereich findet. Die entsprechenden grammatischen Mittel und wissensbildenden Funktionen finden sich auch in Texten mit Alltagsthemen, die sachlich komplexe Verhältnisse darstellen«. Bildungssprache ist also komplexer und abstrakter als Alltagssprache.

Die Begriffe »Bildungssprache« und »Schriftsprache« werden häufig gleichbedeutend verwendet. Merkmale von Bildungs- bzw. Schriftsprache sind unter anderem (nach Jeuk 2010 sowie Riebling 2013 und Martens 2014, zitiert nach Brandt/Gogolin 2016, S. 19):

- Präteritum (*er ging*) statt Perfekt (*er ist gegangen*) – Verbflexion
- Passivformen (*Die Katze wird vom Hund gesehen.*)
- Konjunktivformen (*Er käme, wenn er nicht noch Hausaufgaben machen müsste.*)
- unpersönliche Ausdrücke (*Man kann die Rosinen für den Teig auch weglassen.*)
- Pronomen als Verweismittel (*Der Junge ging nach Hause. Er war müde.*)
- Partizipialkonstruktionen (*geerntete Früchte*)
- Substantivierungen (*beim Schreiben*)
- Komposita (*Hausaufgabenkontrollheft*)
- trennbare und nicht trennbare Präfixverben/Verben mit Vorsilben (trennbar: *angeben, abgeben, aufgeben*; nicht trennbar: *erhitzen, erhärten, besuchen*)

- Suffixverben und Suffixadjektive/Verben und Adjektive mit Nachsilben: *löslich, teilbar, kräftigen, vervollständigen*
- Verwendung des Genitivs (*der Hund des Nachbarn biss den Postboten*)
- Präpositionen mit Genitiv (*anstatt, anstelle, wegen, anhand*, wie z. B. in *anstelle eines Drahtes nimmt man eine Schnur!)*
- feststehende Wortkombinationen/Funktionsverbgefüge (*in Kraft treten, sich einer Prüfung unterziehen*)
- Fachwortschatz (*addieren, subtrahieren* etc.)

Bildungssprachliche Merkmale sind vor allem für Kinder mit Deutsch als Zweitsprache, aber auch für deutsche Kinder aus bildungsfernen Familien problematisch, da die Schule »deren Beherrschung […] für das Lernen selbstverständlich voraussetzt, deren Gebrauch aber […] gar nicht lehrt« (Feilke 2012, S. 4). Diese Schüler/innen haben oft Schwierigkeiten damit, die für den Unterricht erforderlichen bildungssprachlichen Kompetenzen beiläufig im (Fach-)Unterricht, d. h. ohne spezifische Unterstützung, zu erwerben.

Wie gravierend sich fehlende Kompetenzen im bildungssprachlichen Bereich auswirken können, zeigt unser nachfolgendes Beispiel aus dem Mathematikunterricht einer zweiten Klasse. Die Schüler Pietro und Robert können eigentlich schnell und richtig rechnen. Sie erhalten folgende Sachaufgabe:

Die Schüler der Löwenzahnschule fahren jeden Tag mit dem Schulbus zur Schule. Der Schulbus Nr. 1 hält an 3 Haltestellen. Am Montag steigen an der ersten Haltestelle 8 Schüler in den Bus. An der zweiten Haltestelle kommen 4 Kinder hinzu. Ein Junge steigt aber wieder aus, weil er seinen Turnbeutel zu Hause vergessen hat. An der dritten Haltestelle steigen 3 Kinder ein.
Wie viele Schüler fahren am Montag mit Schulbus Nr. 1 zur Löwenzahnschule?

Pietro rechnet aus, dass 14 Schüler mit dem Bus zur Schule fahren, Robert kommt jedoch auf ein Ergebnis von 8 Schülern. Kann Robert also nicht so gut rechnen wie Pietro? Vermutlich lagen Robert bei der Lösung dieser Aufgabe bildungssprachliche »Steine« im Weg. In der Textaufgabe werden – so wie in geschriebenen Texten üblich – Synonyme verwendet, um den Text abwechslungsreicher zu gestalten. Die Rede ist von *Schülern, Kindern* und einem *Jungen*. Gefragt wird dann explizit nach *Schülern*. Um diese Aufgabe lösen zu können, müssen Pietro und Robert also nicht nur addieren und subtrahieren können, sondern sie müssen wissen, dass mit den Wörtern *Schüler, Kind* und *Junge* jeweils die gleiche Personengruppe bezeichnet wird. Robert hat dies vermutlich nicht verstanden. Er konzentriert sich auf den Begriff *Schüler*, der auch in der Frage auftaucht, und kommt daher zu seinem Ergebnis, dass 8 Schüler mit dem Bus zur Schule gefahren sind.

Ein weiteres Merkmal von Bildungs- bzw. Schriftsprache ist die Verwendung von Pronomen (s. o.). Pronomen werden eingesetzt, um Bezug zu einem Satzteil bzw. Wort herzustellen, wie folgendes Beispiel verdeutlicht:

Im Winter tragen viele Menschen warme Kleidung und trinken warmen Tee. Dies schützt sie vor der Kälte.

In unserem Beispiel bezieht sich das Demonstrativpronomen *dies* auf *das Tragen von warmer Kleidung* und *das Trinken von warmen Tee.* Um die richtigen Bezugswörter zu finden, muss man alle Satzzusammenhänge verstehen und auch das grammatische Geschlecht des Pronomens kennen. Wenn ein Schüler in diesem Beispiel nur nach einem einzelnen Bezugswort sucht, wird er das Pronomen nicht richtig verstehen und dementsprechend den ganzen Satz nicht zielsprachlich interpretieren.

Neben dem Verständnis stellt auch die zielsprachliche Verwendung von Pronomen eine Herausforderung dar. Betrachten Sie einmal den folgenden Beispielsatz:

Die Mutter schenkt ihrem Sohn zum Geburtstag ein Buch.

Um einen solchen Satz bilden zu können, muss zunächst das richtige Possessivpronomen ausgewählt werden, im Falle des weiblichen Wortes *Mutter* also das Pronomen *ihr.* Dieses Pronomen muss dann wiederum in Bezug auf den grammatischen Fall und die Anzahl auf das dazugehörige Nomen *Sohn* mit männlichem Geschlecht abgestimmt werden.

Sie können sich sicherlich vorstellen, dass Aufgaben dieser Art vor allem für Kinder, in deren Erstsprachen solche Bezüge auf andere Art und Weise ausgedrückt werden (oder z. B. gar keine Pronomen existieren), besonders schwierig sind (vgl. S. 13 sowie Anhang »Exkurs: Merkmale und Besonderheiten verschiedener Sprachen«).

Wir können an dieser Stelle leider nicht auf alle Punkte der oben dargestellten Aufzählung eingehen, hoffen aber, Sie grundsätzlich für bildungssprachliche Merkmale und deren Relevanz im Unterricht sensibilisiert zu haben. Studien zum Leseverständnis zeigen beispielsweise, dass das gesamte Textverständnis blockiert wird, wenn nur fünf Prozent der Wörter des Textes nicht verstanden werden (Laufer 1997; Pigada/Schmitt 2006, zitiert nach Ahrenholz 2010).

Viele Bundesländer haben daher mittlerweile in ihren Bildungsplänen die Vermittlung bildungssprachlicher Kompetenzen verbindlich verankert.[7] Diese sehen vor, dass in allen Unterrichtsfächern mit dem Register »Bildungssprache« bewusst und förder-

---

7 Siehe z. B. Empfehlungen für Interkulturelle Bildung und Erziehung in der Schule (Ständige Konferenz der Kultusminister der Länder in der Bundesrepublik Deutschland 2013, S. 8), Referenzrahmen Schulqualität NRW (Ministerium für Schule und Weiterbildung des Landes Nordrhein-Westfalen 2015, S. 33) oder Bildungsplan der Grundschule – Deutsch (Ministerium für Kultus, Jugend und Sport Baden-Württemberg 2016, S. 5).

lich umgegangen wird (Brandt/Gogolin 2016, S. 9). Die skizzierten Beispiele illustrieren, wie wichtig diese Erkenntnis ist.

Zu Beginn dieses Kapitels haben wir darauf hingewiesen, dass der Begriff »Bildungssprache« häufig mit dem Begriff »Schriftsprache« gleichgesetzt wird. Die schriftliche Kommunikation ist ein grundlegendes Merkmal unserer Gesellschaft. Wer nicht lesen oder schreiben kann, kommt ohne Hilfe im Alltag nur sehr schwer zurecht. Daher widmen wir uns im nächsten Kapitel den Themen »Literacy« und »Alphabetisierung«.

Literacy und Alphabetisierung

Der Begriff »Literacy« kann im Deutschen etwa mit »Literalität« oder »Schriftlichkeit« übersetzt werden – eine wirklich treffende Übersetzung, die alle Bereiche von Literacy abdeckt, gibt es aber nicht. Denn mit Literacy ist nicht nur das Lesen oder Schreiben an sich gemeint, sondern vielmehr auch Fähigkeiten, die über den rein »technischen« Aspekt hinausgehen. Nach Textor (2016, o. S.) gehören »auch Text- und Sinnverständnis, Erfahrungen mit der Lese- und Erzählkultur der jeweiligen Gesellschaft, Vertrautheit mit Literatur und anderen schriftbezogenen Medien (inkl. Internet) sowie Kompetenzen im Umgang mit der Schriftsprache« zu unseren literalen Fähigkeiten. Literacy ist die zentrale Grundlage für den Erfolg in allen Schulfächern, denn sie stellt eine der wichtigsten Lernquellen dar. Kinder erwerben Literacy, indem sie in einer Gemeinschaft von kompetenten Lesern und Schreibern aufwachsen, das heißt als Folge des Austausches mit der sozialen Umwelt (literale Sozialisation). Da sich Literacy durch (meist nicht zielgerichtete) Erfahrungen mit Schrift bereits im jungen Kindesalter entwickelt, ist deren Förderung in nahezu allen Bildungs- und Orientierungsplänen für Kindertageseinrichtungen verankert.[8]

Als besonders wichtige Literacy-Erfahrung in der frühen Kindheit gilt das Vorlesen. Über Erzählungen der Kinderliteratur werden Kinder mit literarischen Sprechweisen, Stoffen und Darstellungsformen konfrontiert (Nickel 2007). Beim Hören und Lesen von Geschichten werden sie angeregt, sich selbst Geschichten auszudenken und zu erzählen und damit erste literarische »Texte« zu gestalten, noch bevor sie lesen und schreiben können (Merkel 2007). Kinder stellen dabei nach und nach fest, dass Buchstaben keine willkürlichen Striche sind, sondern fest definierte Zeichen, die eine Bedeutung tragen. Darüber hinaus erkennen sie unter anderem, dass Schrift lautorientiert ist, d. h. dass sie etwas mit dem zu tun hat, was wir sprechen, und dass unsere Schrift von links nach rechts geschrieben und gelesen wird (Gawlitzek 2010; Nickel 2007).

Voraussetzung für den Literacy-Erwerb ist die phonologische Bewusstheit. Unter phonologischer Bewusstheit versteht man allgemein die »Fähigkeit, lautliche Aspekte

---

8 Siehe z. B. Bildungsplan der Grundschule (Ministerium für Kultus, Jugend und Sport Baden-Württemberg 2016), Rahmenplan Grundschule/Teilrahmenplan Deutsch. Mainz (Ministerium für Bildung, Frauen und Jugend Rheinland-Pfalz 2005).

der Sprache zu erkennen, z. B. Silben erkennen, Reime finden und Wörter in einzelne Laute zu zerlegen« (Gawlitzek 2010, S. 459). Häufig wird zwischen phonologischer Bewusstheit im engeren und im weiteren Sinne unterschieden.

Die **phonologische Bewusstheit im engeren Sinne** bezieht sich auf den bewussten Umgang mit den kleinsten Einheiten der gesprochenen Sprache, den Phonemen (Lauten). Sie entwickelt sich üblicherweise erst unter Anleitung im Zusammenhang mit dem Schriftspracherwerb. Unter der **phonologischen Bewusstheit im weiteren Sinne** versteht man die Wahrnehmung der gröberen sprachlichen Einheiten. Dazu gehört die Wahrnehmung von Silben in Wörtern, von Wörtern im Satz oder des Klangs von Wörtern beim Reimen usw. Die phonologische Bewusstheit im weiteren Sinne entwickelt sich in der Regel spontan, d. h. ohne äußere Anleitung schon im Vorschulalter (Gawlitzek 2010).

Mit der Alphabetisierung im Grundschulalter müssen Kinder die Fähigkeit erlernen, Buchstaben zu erkennen, Buchstaben spezifischen Lauten zuzuordnen sowie orthographische Regeln und die Ausnahmen der Regeln anzuwenden. Die Anforderungen beim Lesen- und Schreibenlernen bestehen dabei nicht nur darin, einzelne Buchstaben zu lernen, sondern das System der Schrift zu verstehen.

Das Lesenlernen vollzieht sich in mehreren Phasen. Bevor Kinder die eigentlichen Buchstaben lernen, ahmen sie das Leseverhalten der Erwachsenen oder älterer Geschwister nach und tun so, als ob sie lesen könnten. Beispielsweise blättern sie in Büchern und murmeln vor sich hin, sie wiederholen ihnen bekannte Geschichten, sie erfinden neue Geschichten und »lesen« anderen Kindern vor. Diese Tätigkeiten kennzeichnen die **Vorstufe des Lesens** (Gawlitzek 2010).

Während der ersten Phase erkennen Kinder dann, dass Buchstaben Laute darstellen. Sie verbinden das optische Zeichen des Buchstabens mit dem hörbaren Zeichen des dazugehörigen Lautes. Beim Erlernen des Zusammenhangs zwischen Buchstaben und Laut werden zwei verschiedene Methoden unterschieden: das synthetische Verfahren und das ganzheitlich analytische Verfahren (Fürst et al. 2008).

Innerhalb des **synthetischen Verfahrens** lernen Kinder einzelne Buchstaben und Laute wie *a*, *o* oder *m* isoliert kennen. Dazu müssen z. B. alle *a* in Wortbildern gesucht und farbig umrandet werden. Nach dem **ganzheitlich analytischen** Verfahren lernen Kinder sofort einfache Wörter in ihrem Gesamtbild kennen, wie z. B. *Haus*, *Baum*, *Auto*. An den meisten Schulen werden diese beiden Methoden miteinander kombiniert (Fürst et al. 2008).

Das **Zusammenlesen von mehreren Buchstaben**, d. h. die Verbindung mehrerer Buchstaben zu einem Wort, muss als Kernstück der Lesetechnik angesehen werden. Innerhalb dieser zweiten Phase erkennen Kinder die meisten Buchstaben und deren Laute. Sie versuchen nun, jedes Wort Buchstabe für Buchstabe laut zu lesen. Dabei gelingt es ihnen häufig nicht, die Bedeutung der Worte zu erfassen.

Während der dritten Phase lesen Kinder dann nicht mehr die einzelnen Buchstaben, sondern bilden **kleinere Buchstabeneinheiten** (z. B. Silben wie *ge-* oder *ver-*). Zudem erfassen sie die Bedeutung des gelesenen Wortes. Mit zunehmender Erfahrung und Übung reduzieren sich Aufmerksamkeit und Zeit, die für das Buchstabenlesen notwendig sind – die **Phase der Automatisierung** beginnt (Fürst et al. 2008).

Ebenso wie das Lesenlernen vollzieht sich die Schreibentwicklung in mehreren Phasen. Sie beginnt mit der sog. »**Kritzelphase**«, in der Kinder Erwachsene in ihrem Schreiben nachahmen und absichtlich versuchen, Spuren auf dem Papier zu hinterlassen. Hierbei geht es allerdings in erster Linie darum, etwas Sichtbares zu produzieren bzw. um den Spaß daran, und weniger um die kommunikative Funktion des Schreibens (Fürst et al. 2007; Näger 2013).

Auf die Kritzelphase folgt das **Nachmalen** von willkürlichen Buchstabenfolgen oder buchstabenähnlichen Zeichen. Kinder verstehen zu diesem Zeitpunkt aber noch nicht, dass die Buchstaben Laute darstellen. Sie kombinieren oft Buchstaben, eigene Bildzeichen und Kritzeleien zu »Briefen«. Von besonderer Bedeutung sind natürlich die Buchstaben des eigenen Namens – mit ihnen beginnt der Übergang in die »**halbphonetische Phase**« (Fürst et al. 2007).

Jetzt passiert etwas Entscheidendes: Kinder realisieren den Zusammenhang zwischen Laut und Buchstabe: Sie schreiben die Buchstaben nicht mehr willkürlich, sondern verschriften die Laute, die für sie in einem Wort am wichtigsten sind. Das sind beispielsweise Anlaute oder am deutlichsten zu hörende Laute. In der halbphonetischen Phase treten später auch die sogenannten Skelettschreibungen oder Wortruinen auf: Hier werden nur einzelne Laute eines Wortes wiedergegeben, z. B. RTA für Ritter (Fürst et al. 2007; Gawlitzek 2010; Näger 2013).

Die »**phonetische Phase**« haben Kinder erreicht, wenn sie alle zu hörenden Laute in Buchstaben übertragen (d. h. Laut für Laut schreiben). In dieser Phase orientieren sie sich vor allem an der Umgangssprache bzw. am entsprechenden Dialekt. Orthographische Regeln beachten sie dabei noch nicht. Erst wenn Kinder ihre Schrift mit der von Erwachsenen (z. B. in Büchern) vergleichen und erkennen, dass manche Wörter anders geschrieben als gesprochen werden, und die allgemeinen Rechtschreibregeln berücksichtigen, sind sie in der »**orthographischen Phase**« angekommen (Fürst et al. 2007).

Grundschulen in Deutschland setzen vielfältige Methoden ein, um Kindern das Lesen und Schreiben zu vermitteln. Viele Methoden werden dabei von den Schulen und den Lehrkräften individuell angepasst bzw. ergänzt (Mercator-Institut für Sprachförderung und Deutsch als Zweitsprache 2015).

> »Unterschieden wird grundsätzlich zwischen so genannten offenen Methoden, die den Kindern viel Freiheit beim Erwerb der Schriftsprache lassen, und strukturierten Methoden, die den Lernprozess stärker anleiten und steuern. Beispiele für strukturierte Methoden sind die analytisch-synthetische Methode oder die silbenanalytische Methode nach Christa Röber. Zu den offenen Konzepten zählt z. B. Lesen durch Schreiben nach Jürgen Reichen« (Mercator-Institut für Sprachförderung und Deutsch als Zweitsprache 2015, S. 2).

Um die Alphabetisierung bzw. den zugrunde liegenden methodischen und didaktischen Herangehensweisen an Grundschulen sind in den letzten Jahren mitunter heftige Diskussionen zwischen Experten entbrannt. Zum jetzigen Zeitpunkt gibt es allerdings keine belastbaren Studien, die für oder gegen eine bestimmte Methode sprechen (Mercator-Institut für Sprachförderung und Deutsch als Zweitsprache 2015).

Mehrsprachige Kinder greifen beim Lesen- und Schreibenlernen auf die gleichen Strategien zurück wie einsprachige Kinder. Die erfolgreiche Alphabetisierung hängt bei Kindern mit Deutsch als Zweitsprache von verschiedenen Faktoren ab:

- Wie lange hat das Kind bereits Kontakt zum Deutschen?
- Erhält das Kind ausreichenden Input sowohl in der Erst- als auch in der Zweitsprache?
- Erhält das Kind in beiden Sprachen Anregungen zum Umgang mit Schrift?
- Wird auch zu Hause mit dem Kind gelesen (in der Erst- oder Zweitsprache)?
- Sind die Schriftsysteme von Erst- und Zweitsprache gleich oder verschieden?
- Wurde das Kind bereits in der Erstsprache alphabetisiert?
- Können die Eltern lesen und schreiben?

Kinder, die bereits in ihrer Erstsprache das Lesen und Schreiben beherrschen, können die damit erworbenen Strategien grundsätzlich für weitere Sprachen nutzen (Gawlitzek 2010): Ein Kind, das z.B. Italienisch als Erstsprache erworben und in dieser Sprache auch schreiben gelernt hat, ist bereits mit der lateinischen Ausgangsschrift vertraut, die auch für das Schreiben in deutscher Sprache verwendet wird.

Mit der Erstsprache erworbene grundlegende Literacyaspekte (wie z.B. der Symbolgehalt von Sprache oder die kommunikative Funktion von Schriftsprache) können auch übertragen werden, wenn sich die Sprach- bzw. Schriftsysteme von Erst- und Zweitsprache unterscheiden. Die mit den Lese- und Schreibfähigkeiten in der Erstsprache verbundene Text- und Erzählkompetenz kann ebenfalls für weitere Sprachen hilfreich sein, so dass beispielsweise auch ein Kind mit Chinesisch als Erstsprache, das Deutsch lernt, von diesen Kompetenzen profitieren kann (Gawlitzek 2010; Siebert-Ott 2013).

1.5 Fazit

Auch wenn die Kitas im Einzugsgebiet einer Schule ihr Möglichstes tun, um den Sprachbildungsprozess ihrer Kinder kompetent zu begleiten, bedeutet das nicht, dass alle Kinder mit den nötigen (Sprach-)Kenntnissen und Fähigkeiten ausgestattet sind, die in den weiterführenden Bildungsinstitutionen von ihnen erwartet werden. Die Gründe dafür sind vielfältig:

Kinder machen in ihren Familien sehr unterschiedliche Erfahrungen mit Kommunikation und der Lese-, Erzähl- und Schriftkultur unserer Gesellschaft. Auch deutschen Familien gelingt es (aus verschiedensten Gründen) nicht immer, Kindern Zugang zu einem anregungsreichen und qualitativ hochwertigen Sprachangebot zu ermöglichen.

Bei Kindern, die Deutsch als Zweitsprache lernen, reicht die Zeit in der Kita nicht immer aus, um zu den deutschsprachigen Altersgenossen aufzuschließen – hier gibt es noch »offene« Erwerbsaufgaben, die durch die Phasen des Spracherwerbs bedingt sind (vgl. S. 16 ff.). Mit dem Thema »Bildungssprache« und der Alphabetisierung warten in der Grundschule weitere Herausforderungen, auf die nicht alle Kinder gleichermaßen vorbereitet sind. Hier müssen Bildungseinrichtungen ausgleichend beziehungsweise kompensatorisch tätig werden. Die Verantwortung hierfür liegt nicht allein bei den frühen Bildungseinrichtungen wie Krippe und Kindergarten. Viele Kinder sind darauf angewiesen, dass die Grundschulen die Förderbemühungen der Kindertageseinrichtungen aufgreifen und weiterführen.

Wie Sie beim Lesen sicherlich bemerkt haben, können wir die theoretischen Grundlagen zum Thema Spracherwerb und Mehrsprachigkeit in diesem Leitfaden nur sehr knapp darstellen. Wir empfehlen Ihnen daher, bei Informationsbedarf einen Blick in weiterführende Literatur zu werfen. Im Anhang finden Sie darüber hinaus eine Übersicht mit Merkmalen und Besonderheiten verschiedener Erstsprachen, die in deutschen Klassenzimmern vertreten sind.

Tipps zum Weiterlesen

Chilla, S./Rothweiler, M./Babur, E. (2013): Kindliche Mehrsprachigkeit. Grundlagen, Störung, Diagnostik. München: Reinhardt.

Jeuk, S. (2010): Deutsch als Zweitsprache in der Schule: Grundlagen – Diagnose – Förderung. Stuttgart: Verlag W. Kohlhammer.

Ruberg, T./Rothweiler, M. (2012): Spracherwerb und Sprachförderung in der Kita. Stuttgart: Verlag W. Kohlhammer.

Tracy, R. (2008): Wie Kinder Sprachen lernen. Und wie wir sie dabei unterstützen können. 2. Auflage. Tübingen: Francke.

Krifka, M./Blaszczak, J./Leßmöllmann, A./Meinunger, A./Stiebels, B./Tracy, R./Truckenbrodt, H. (Hrsg.) (2014): Das mehrsprachige Klassenzimmer: Über die Muttersprachen unserer Schüler. Berlin & Heidelberg: Springer.

Landesinstitut für Lehrerbildung und Schulentwicklung Hamburg (Hrsg.) (2011): Mehrsprachigkeit zur Entwicklung von Sprachbewusstsein – Sprachbewusstsein als Element der Sprachförderung. http://li.hamburg.de/contentblob/4274138/7b53ef7bebbd894f36ab59963bd7a015/data/pdf-mehrsprachigkeit-zur-entwicklung-von-sprachbewusstsein.pdf (Abruf 30.03.2017)

2. Sprachliche Bildung und Sprachförderung in der Grundschule: Ein Fallbeispiel

Um Schülerinnen und Schüler wie Murat, Amina und Sina in der Grundschule (weiterhin) beim Spracherwerb unterstützen zu können, werden Schulen von den Schulaufsichtsbehörden mit Ressourcen ausgestattet. Diese werden anhand des Bedarfs in der Schülerschaft errechnet.

Daran ist für jede Schule die Aufgabe geknüpft, ein Konzept zu entwickeln, in dem beispielsweise dargelegt wird, wie die Ressourcen zum Einsatz kommen, auf welche Weise sprachliche Entwicklungsfortschritte der Schüler/innen nachgewiesen und dokumentiert werden und wie die Sprachförderung inhaltlich ausgestaltet wird. Dadurch entstehen an den jeweiligen Grundschulen unterschiedliche Sprachförderkonzepte, die auf die Rahmenbedingungen der Schule und auf die Schülerschaft angepasst sein sollten.

Vermutlich hat jede Schule in diesem Prozess ähnliche Schritte durchlaufen, viele Diskussionen geführt, Modelle erprobt und angepasst oder wieder verworfen. Exemplarisch möchten wir deshalb im Folgenden einen solchen Prozess nachzeichnen, indem wir eine fiktive Grundschule – die »Löwenzahn-Grundschule« – auf ihrem Weg zum (optimierten) Konzept begleiten.

Das Fallbeispiel der Löwenzahn-Grundschule lässt Sie als Leser/in an der Reflexion und Weiterentwicklung eines schulspezifischen Sprachförderkonzeptes Schritt für Schritt teilhaben und verdeutlicht den Schulentwicklungsprozess aus der praktischen Perspektive bzw. aus dem Blickwinkel des beteiligten Kollegiums. Sie haben so die Möglichkeit, sich in den Entwicklungsprozess hineinzuversetzen und die gewonnenen Erkenntnisse auf Ihren persönlichen Schulalltag zu beziehen.

Unsere Schule startet ihre Reise, indem sie zunächst die Umsetzung aller Sprachfördermaßnahmen auf den Prüfstand stellt und Bereiche identifiziert, die grundsätzlich optimiert werden sollten. Es werden Ziele für die Umsetzung der Sprachförderung definiert. Vielleicht erkennen Sie Herausforderungen wieder, die auch Ihre Schule und Ihr Kollegium umtreiben?

In einem zweiten Schritt entwickelt das Kollegium Ideen und Maßnahmen, um diese Ziele und somit eine Optimierung der Sprachförderung zu erreichen. Zunächst stellen wir Ihnen die Löwenzahn-Schule kurz vor.

2.1 Die Löwenzahn-Grundschule: Zahlen und Fakten

Die Löwenzahn-Grundschule, die Murat, Amina und Sina künftig besuchen werden, liegt im gleichen Stadtteil wie das Kinderhaus Pusteblume.

Sie wird im Durchschnitt pro Schuljahr von ca. 300 Schüler/innen besucht, die in drei Klassen pro Jahrgangsstufe unterrichtet werden. Die Klassengröße liegt in der Regel bei ca. 24 Schüler/innen pro Klasse.

Das Gesamtkollegium setzt sich aus 16 Lehrer/innen und dem Schulleiter Herr Häberlein zusammen. Die stellvertretende Schulleiterin Frau Lange unterstützt den Schulleiter und unterrichtet zusätzlich zu ihren Aufgaben in der Schulleitung den Fachunterricht in verschiedenen Klassenstufen. Das Kollegium wird durch eine pädagogische Assistentin unterstützt, die nach Bedarf eingesetzt wird – z. B. zur Betreuung von Schüler/innen, die nicht am Schwimmunterricht teilnehmen können.

Schülerschaft

Ungefähr 70 Prozent der Schüler/innen der Löwenzahn-Grundschule erwerben Deutsch als Zweitsprache. Die meisten von ihnen sind im Kindergarten im Alter von zwei bis drei Jahren zum ersten Mal mit der deutschen Sprache in regelmäßigen Kontakt gekommen (vgl. Kapitel 1.2 »Unterschiedliche Erwerbssituationen und deren Einfluss auf den Spracherwerb«). In den Kindertagesstätten im Einzugsgebiet der Schule werden die Kinder sowohl im pädagogischen Alltag als auch durch spezifische Sprachförderangebote beim Erwerb der deutschen Sprache begleitet. Doch auch nach der Einschulung weisen viele Kinder – unabhängig davon, ob sie Deutsch als Erst- oder Zweitsprache erwerben, weiterhin Unterstützungsbedarf beim Erwerb der deutschen Sprache auf, wie wir bereits am Beispiel der Kinder aus dem Kinderhaus Pusteblume verdeutlicht haben (vgl. Kapitel 1.1 »Drei Fallbeispiele zum Spracherwerb: Das Kinderhaus Pusteblume«).

Die Lehrer/innen der Löwenzahn-Grundschule haben insgesamt den Eindruck, dass sich der Bedarf an Sprachförderung bei Schüler/innen, die in Deutschland geboren sind, aber eine andere Familiensprache sprechen, zunehmend erhöht. Und auch immer mehr Kinder wie Sina, die mit Deutsch als Erstsprache aufwachsen, benötigen bei Schuleintritt noch Unterstützung im Spracherwerb – beispielsweise im Bereich Wortschatz.

Seiteneinsteiger/innen

Darüber hinaus nimmt die Schule immer häufiger Schüler/innen unterschiedlichen Alters auf, die mit ihren Familien erst seit kurzer Zeit in Deutschland leben und noch keine oder sehr geringe Kompetenzen im Deutschen erworben haben. Diese Schüler/innen, auch »Seiteneinsteiger/innen« genannt, haben oftmals im Herkunftsland eine

Schule besucht und bringen z. B. mathematische Kompetenzen oder Englischkenntnisse mit. Aufgrund der fehlenden Deutschkenntnisse können sie aber besonders in den ersten Wochen ihres Schulbesuchs dem Regelunterricht nicht bzw. nur stark eingeschränkt folgen.

Seiteneinsteiger/innen

Als Seiteneinsteiger/innen bezeichnen wir Schüler/innen, die neu aus einem anderen Land nach Deutschland zugewandert sind. Solche Schüler/innen bringen ganz unterschiedliche Biografien und Eigenschaften mit. Sie unterscheiden sich unter anderem durch:
Alter, Geschlecht, Herkunftsland, Erstsprache, weitere erworbene/erlernte Sprachen, gesellschaftliche Sozialisation, kulturelle Sozialisation, Bildungssozialisation, Lernpotenzial, (Sprach-)Lernerfahrung, bisherige Schulbildung und schulische Vorerfahrungen.
Oft befinden sich solche Schüler/innen in einer emotionalen Ausnahmesituation: Sie fühlen sich fremd, haben Heimweh und vielleicht auch einen »Kulturschock«. Je nach den Umständen der Zuwanderung kommt hinzu, dass die Kinder aufgrund von Fluchterfahrungen traumatisiert sein können. Daher erfordert der Umgang mit Seiteneinsteiger/innen ein hohes Maß an Sensibilität, Einfühlungsvermögen, Empathie und nicht zuletzt: viel Zeit und Geduld!

In den vergangenen beiden Schuljahren hat die Löwenzahn-Grundschule deutlich mehr Seiteneinsteiger/innen aufgenommen als zuvor. Die Integration dieser Kinder stellt die Lehrkräfte vor große Herausforderungen. Die Kinder unterscheiden sich nicht nur in Bezug auf ihr Alter und das Herkunftsland (und der Erstsprache, die sie sprechen), sondern vor allem auch hinsichtlich ihrer bisherigen Bildungsbiografien.

Zusammenfassend bemerken viele Lehrer/innen, dass die Schulklassen in Bezug auf ihre Deutschkompetenzen zunehmend heterogener zusammengesetzt sind. Dadurch können die Lehrkräfte oft nicht allen Schüler/innen im Regelunterricht in dem Maße gerecht werden, wie es in ihren Augen notwendig wäre.

Sprachförderung an der Löwenzahn-Grundschule

Die Löwenzahn-Grundschule hat sich bereits seit einigen Jahren auf die Bedürfnisse ihrer Schülerschaft eingestellt und verschiedene Sprachfördermaßnahmen und Unterstützungsangebote implementiert. Um dem Unterstützungsbedarf der Schüler/innen begegnen zu können, werden der Schule in jedem Schuljahr von der zuständigen Schulaufsichtsbehörde zusätzliche Deputatsstunden zur Verfügung gestellt, die für Sprachförderung genutzt werden können. In den vergangenen Schuljahren konnte die Schule in der Regel insgesamt 20 Schulstunden pro Woche für Sprachfördermaßnahmen einplanen.

Aktuelle personelle Herausforderungen

An der Löwenzahn-Grundschule war die Personalfluktuation im Gesamtkollegium in den letzten beiden Jahren sehr hoch: Einige Lehrer/innen wurden in den Ruhestand verabschiedet und neue Lehrer/innen kamen hinzu. Dadurch hat sich auch die im Kollegium verankerte Expertise zur Umsetzung von Sprachförderung verändert.

Neue Kolleginnen und Kollegen wurden in die Umsetzung von Sprachförderung eingebunden, obwohl sie bislang nur auf sehr geringe oder gar keine Erfahrungen in diesem Bereich zurückgreifen können. Im laufenden Schulbetrieb gestaltete es sich aus Zeitgründen schwierig, das bei einzelnen Kollegen vorhandene Wissen über Sprachförderung zu bündeln und an die weniger erfahrenen Kolleginnen und Kollegen weiterzugeben.

Im zurückliegenden Schuljahr haben daher vor allem die in die Sprachförderung involvierten Lehrerinnen bei Herrn Häberlein wiederholt Unzufriedenheit über das Sprachförderkonzept der Schule geäußert und den Wunsch nach Veränderung vorgebracht.

Fazit

Das Gesamtkollegium der Löwenzahn-Grundschule hat sich aufgrund der beschriebenen Situation per Konferenzbeschluss dafür entschieden, das bisherige Sprachförderkonzept der Schule zu reflektieren und auf die Veränderungen in der Schülerschaft und im Gesamtkollegium anzupassen. So wie sich die Schüler- und Lehrerschaft in den vergangenen Jahren dynamisch entwickelt hat, will die Löwenzahn-Grundschule auch ihr Sprachförderkonzept stetig verändern und optimieren.

Im Rahmen einer Gesamtlehrerkonferenz zu Schuljahresende wird daher – als erster Schritt – gemeinsam eine Bestandsaufnahme aller Maßnahmen zur Sprachförderung an der Löwenzahn-Grundschule vorgenommen.

2.2 Bestandsaufnahme: Ist-Zustand der Sprachförderung an der Löwenzahn-Grundschule im aktuellen Schuljahr

Das Kollegium der Löwenzahn-Grundschule möchte den aktuellen Stand der Sprachförderung an der Schule beleuchten. Dafür werfen die Lehrer/innen zunächst einen Blick auf die Verteilung der zur Verfügung gestellten Ressourcen, den Einsatz der Lehrkräfte und die Auswahl der Kinder. Abschließend nimmt das Kollegium die Integration in den Stundenplan und die inhaltliche Ausgestaltung der Sprachförderung in den Blick. Die Ergebnisse dieser »Bestandsaufnahme« werden in einem Protokoll festgehalten, in das wir Ihnen im Folgenden einen Einblick geben.

Verteilung der Ressourcen

Die drei ersten Klassen haben in der Vergangenheit von den für die Sprachförderung zur Verfügung stehenden 20 Stunden mit jeweils vier Stunden den größten Anteil erhalten. Die Erfahrungen der letzten Schuljahre haben gezeigt, dass der Sprachförderbedarf in den ersten Klassen in der Regel am höchsten ist. Je nachdem wie lange und in welchem Umfang die Schüler/innen Krippe und/oder Kindergarten besucht haben, weisen sie teilweise noch sehr große sprachliche Lücken auf. Aufgrund der zusätzlichen Herausforderung der Erstklässler, sich insgesamt in das Schulsystem einzufinden, hatte sich die Schule dafür entschieden, den Erstklässlern mit Sprachförderbedarf möglichst kontinuierlich die Möglichkeit zu geben, Sprachförderung in kleinen Gruppen zu besuchen. Die übrigen acht Stunden wurden an die zweiten, dritten und vierten Klassen verteilt, so dass jede Klasse eine zusätzliche Sprachförderstunde erhalten hat.

Einsatz der Lehrkräfte

In den meisten Fällen konnten die für die Stufen 2 bis 4 vorgesehenen acht Deputatsstunden für Sprachförderung jeweils den Klassenlehrer/innen zugeordnet werden. Teilweise wurden die Stunden aber auch von Fachlehrer/innen übernommen – abhängig vom Deputatsvolumen der Klassenlehrer/innen.

Für die Sprachförderung der Erstklässler war eigentlich vorgesehen, dass jeweils die Klassenlehrer/innen diese Stunden unterrichten. Dies war aber aus organisatorischen Gründen nur bei einer Lehrerin mit vollem Deputat möglich. In den beiden anderen ersten Klassen haben zwei Fachlehrer/innen mit geringerem Deputat, die außerdem in verschiedenen Klassen Mathematik, Schwimmen und Englisch unterrichten, die Sprachförderung übernommen. Frau Zehnbauer, eine der beiden Fachlehrer/innen, hat bereits einige Fort- und Weiterbildungen zum Thema »Deutsch als Zweitsprache und Sprachförderung« besucht und ist daher erfahren in diesem Bereich.

Eine zweite Sprachfördergruppe wurde von Frau Bender-Hofmann übernommen, die als Krankheitsvertretung erst seit dem vergangenen Schuljahr mit zehn Stunden an die Schule abgeordnet wurde. Die Stammschule von Frau Bender-Hofmann liegt in einem ländlichen Gebiet, in dem viele bildungsorientierte Familien leben. Das Thema Sprachförderung spielt dort eher eine untergeordnete Rolle. Frau Bender-Hofmann hat selbst Mathematik im Hauptfach studiert, daher ist der Bereich »Deutsch als Zweitsprache und Sprachförderung« für sie Neuland. Im Laufe des Schuljahres hat sie sich nebenbei in die Sprachförderung eingearbeitet. Der Versuch, sich regelmäßig mit Frau Zehnbauer über die Sprachförderung auszutauschen, ist aufgrund der sehr unterschiedlichen Stundenpläne der beiden nur mit geringem Deputat arbeitenden Fachlehrer/innen meistens gescheitert. Frau Bender-Hofmann berichtet bei der Bestandsaufnahme, dass sie sich bei der Umsetzung der Sprachförderung sehr unsicher fühle und nicht so recht wisse, wie sie die Schüler/innen in der Sprachförderung effektiv unterstützen könne.

Auswahl der Kinder

Die Sprachfördergruppen werden von den Klassenlehrer/innen zusammengestellt. In den ersten Klassen berücksichtigt man dazu die Ergebnisse der Schuleingangsuntersuchung des örtlichen Gesundheitsamtes, die die Schule in jedem Schuljahr kurz vor den Herbstferien erhält. Alle Kinder, deren Ergebnisse im daran gekoppelten Sprachstandstest auffällig waren, sind auf einer Liste markiert. Die Klassenlehrer/innen der ersten Klassen beobachten diese Schüler/innen im Unterricht und entscheiden dann, welche Schüler/innen an der zusätzlichen Sprachförderung teilnehmen sollten.

Die Gruppengröße der zusätzlichen Sprachfördergruppen in den ersten Klassen ist meistens sehr unterschiedlich, so auch im zurückliegenden Schuljahr: In der Klasse 1a wurde in diesem Schuljahr bei besonders vielen Schüler/innen ein zusätzlicher Sprachförderbedarf festgestellt, weswegen die eingerichtete Sprachfördergruppe von zehn Schüler/innen besucht wurde.

In der Klasse 1b wurden nur drei Schüler/innen für die Sprachförderung ausgewählt. Daher hat man im Laufe des Schuljahres versucht, drei Seiteneinsteiger/innen, die dem Alter nach der dritten bzw. vierten Jahrgangsstufe angehören, in die Gruppe zu integrieren. Allerdings zeigte sich dann, dass der Sprachförderbedarf der Schüler/innen in dieser Kleingruppe zu heterogen war. Auch der altersbedingt heterogene kognitive Entwicklungsstand der Schüler/innen erschwerte eine kontinuierliche Sprachförderung für die Lehrkraft so sehr, dass im Laufe des Schuljahres entschieden wurde, in dieser Sprachfördergruppe ausschließlich die Seiteneinsteiger/innen zu fördern, deren Bedarf höher eingeschätzt wurde.

Fünf Schüler/innen besuchten die Sprachfördergruppe der Klasse 1c: zwei sehr schüchterne bulgarische Jungen, die erst ein Jahr vor der Einschulung nach Deutschland gezogen sind, sowie drei türkische Mädchen, die in Deutschland geboren wurden und bereits im Kindergarten an verschiedenen Sprachförderprogrammen teilgenommen haben. Daher war auch in dieser Sprachfördergruppe der Sprachstand der Schüler/innen sehr heterogen. Die beiden Jungen konnten sich nicht sehr gut in die Gruppe mit den eher lebhaften Mädchen integrieren und trauten sich oft nicht zu sprechen. Untereinander kommunizierten die beiden Jungen ausschließlich auf Bulgarisch.

Für die zweiten bis vierten Klassen wurden keine festen Fördergruppen gebildet. So konnten die Klassenlehrer/innen selbst flexibel entscheiden, welche Schüler/innen in welchen Bereichen zusätzliche Förderung benötigen und diese dann individuell gestalten.

Integration in den Stundenplan

Die Sprachfördergruppe der Klasse 1a, die von der Klassenlehrerin übernommen wurde, konnte in den Randstunden stattfinden, so dass die Gesamtklasse entweder später mit dem Regelunterricht begann als die Schüler/innen mit Sprachförderbedarf oder diese Schüler/innen eine Stunde länger in der Schule blieben. In den anderen beiden ersten Klassen war es aus organisatorischen Gründen nicht möglich, die Sprachförderung in die Randstunden zu legen, da die Stundenpläne der Fachlehrer/innen andernfalls zu viele Lücken enthalten hätten. Deswegen wurden die Schüler/innen mit Sprachförderbedarf für die Sprachförderung stundenweise aus dem Regelunterricht herausgeholt. Frau Zehnbauer hält den »Stundenplan Sprachförderung« für das Gesamtkollegium am Flipchart folgendermaßen fest:

Stundenplan Sprachförderung (SF = Sprachförderung)

	Montag	Dienstag	Mittwoch	Donnerstag	Freitag
1. Std.		SF1a/SF 1b	SF 1a		SF 1a
2. Std.	SF 3b/SF 3c			SF 2b/SF2c	
3. Std.	SF 2a	SF 3a	SF 1c	SF 1b	SF 1b
4. Std.			SF 1b	SF 1c	SF 1c
5. Std.	SF 1a/SF1c				
6. Std.	SF 4a	SF 4b			

Abbildung 2: Stundenplan für Sprachförderung an der Löwenzahn-Grundschule

Der visualisierte Stundenplan in Abbildung 2 zeigt, dass die Deputatsstunden für Sprachförderung für alle Klassenstufen an unterschiedlichen Tagen und zu unterschiedlichen Zeiten stattfinden. Im vergangenen Schuljahr war diese Verteilung die einzige Möglichkeit, die insgesamt 20 zusätzlichen Stunden in den Gesamtstundenplan der Schule zu integrieren.

Inhaltliche Ausgestaltung der Sprachförderung

Die inhaltliche Ausgestaltung der Sprachförderung obliegt an der Löwenzahn-Grundschule jeder Lehrkraft in Eigenverantwortung. Die Schule verfügt über einige Materialkoffer für Kinder mit Deutsch als Zweitsprache und zahlreiche Materialien, die insbesondere zur Erweiterung des Wortschatzes eingesetzt werden können. In den ersten Klassen wird besonders viel Wert auf Wortschatzförderung gelegt. In den zweiten, dritten und vierten Klassen werden meistens Elemente aus dem Deutschunterricht je nach Bedarf wiederholt. Ein Austausch über die Inhalte der Sprachförderung findet in der Regel nicht statt.

2.3 Analyse: Reflexion des Ist-Zustandes

Um den beschriebenen Ist-Zustand der Sprachförderung an der Löwenzahn-Grundschule genauer zu analysieren, bildet das Kollegium Arbeitsgruppen bestehend aus den Stufenteams. Die Fachlehrer/innen teilen sich der Stufe zu, in der sie den größten Stundenanteil unterrichten oder in der sie in die Sprachförderung involviert sind.

Um die Analyse zu strukturieren, hat der Schulleiter Herr Häberlein im Vorfeld Leitfragen formuliert, die den Lehrer/innen dabei helfen sollen, die Stärken und Schwächen des aktuellen Sprachförderkonzepts der Löwenzahn-Grundschule herauszuarbeiten. Im Rahmen eines ersten Brainstormings machen sich die Stufenteams jeweils Gedanken über folgenden Fragen:

- Welche Aspekte der Sprachförderung sollen auf jeden Fall beibehalten werden?
- Welche Aspekte der Sprachförderung haben sich nicht bewährt? Warum?
- In welchen Bereichen wünschen Sie sich als Lehrkraft zusätzliche Unterstützung (in Bezug auf die Sprachförderung)?

Innerhalb des Zeitraums von einer Stunde diskutieren die Arbeitsgruppen über die Leitfragen, um diese jeweils aus ihrer Perspektive zu beantworten. Anschließend tragen die Stufenteams ihre Ergebnisse stichwortartig zugeordnet zu den Leitfragen im Plenum vor. Herr Häberlein notiert zusammenfassend die in Abbildung 3 gezeigten Aspekte am Flipchart.

Welche Aspekte der Sprachförderung sollen auf jeden Fall beibehalten werden?

- Arbeit in Kleingruppen
- größte Anzahl an Ressourcen für Erstklässler
- Sprachförderung ist effizient, wenn sie regelmäßig stattfindet.
- Sprachförderung durch den Klassenlehrer
- Sprachförderung orientiert am Sprachstand

Welche Aspekte der Sprachförderung haben sich nicht bewährt? Warum?

- Sprachförderung startet für die Erstklässler zu spät (erst kurz vor Weihnachten).
- Sprachförderung fällt zu oft aus – Personalmangel.
- Eine Stunde Sprachförderung in den zweiten bis vierten Klassen ist zu wenig.
- Wenn die Sprachförderung nicht durch den Klassenlehrer erfolgt, ist unklar, was inhaltlich in der Sprachförderung passiert.

- Gruppeneinteilung ist sehr heterogen.
- Seiteneinsteiger/innen brauchen zu lange für den Deutscherwerb – mehr Sprachförderung notwendig.
- Regelunterricht wird gestört, wenn ständig Schüler/innen herausgenommen werden und fehlen.

In welchen Bereichen wünschen Sie sich als Lehrkraft zusätzliche Unterstützung (in Bezug auf die Sprachförderung)?

- Methoden für Sprachförderung im Regelunterricht
- gemeinsames „Curriculum" für Sprachförderung

Abbildung 3: Ergebnisse des Brainstormings zum Ist-Zustand der Sprachförderung in der Löwenzahn-Schule

Die Stichworte, die die Lehrkräfte in den Stufenteams gesammelt haben, werden durch mündliche Beiträge ergänzt, da einige Stufenteams viel Diskussionsbedarf hatten und daher nicht alle Aspekte schriftlich notiert werden konnten. Abschließend analysiert der Schulleiter Herr Häberlein den Gesamteindruck des Kollegiums zum Ist-Zustand der Sprachförderung an der Löwenzahn-Grundschule. Dafür orientiert er sich wiederum an den Bereichen der Bestandsaufnahme (Verteilung der zur Verfügung gestellten Ressourcen, Einsatz der Lehrkräfte, Auswahl der Kinder, Integration in den Stundenplan, inhaltliche Ausgestaltung der Sprachförderung). Die Ergebnisse werden im Folgenden skizziert. Am Ende des Kapitels finden Sie eine Checkliste zur Erfassung und Reflexion des Ist-Zustandes der Sprachförderung für Ihre eigene Schule.

Verteilung der zur Verfügung gestellten Ressourcen

Das Kollegium erachtet es grundsätzlich als sinnvoll, dass die meisten Sprachförderstunden in die Kleingruppen der ersten Klassen fließen. Die Sprachstandserhebungen aus den vergangenen Schuljahren zeigen, dass der Bedarf an Sprachförderung in den ersten Klassen am höchsten ist. Die Sprachförderung in Kleingruppen ist in der Wahrnehmung des Kollegiums besonders effizient, wenn sie regelmäßig stattfinden kann.

Leider kann diese Regelmäßigkeit nicht gewährleistet werden und die Sprachförderung findet nicht kontinuierlich statt. Sobald Personalengpässe (z. B. durch Krankheit von Lehrkräften) auftreten, muss auf Sprachförderung verzichtet werden, um den Regelunterricht abdecken zu können. Das hat zur Folge, dass einzelne Sprachfördergruppen manchmal wochenlang nicht stattfinden, wodurch keine effiziente und kontinuierliche Sprachförderung möglich ist.

Die Seiteneinsteiger/innen werden in den Sprachfördergruppen für Erstklässler gefördert. Allerdings reicht der Förderumfang hierfür nicht aus. Im Regelunterricht können die Seiteneinsteiger/innen nur stark eingeschränkt mitarbeiten. Bei einer Klassengröße von 24 Schüler/innen pro Klasse sind die Lehrer/innen im Regelunterricht nicht in ausreichendem Umfang in der Lage, auf die Seiteneinsteiger/innen einzugehen. Diese Situation ist für die Lehrer/innen, aber vor allem für die betroffenen Schüler/innen sehr frustrierend.

In den höheren Klassenstufen, besonders in den Stufen 3 und 4, werden von den Lehrer/innen wenige bis keine sprachlichen Entwicklungsfortschritte wahrgenommen, was vor allem daran liegt, dass die Anzahl von nur einer Sprachförderstunde pro Klasse von den entsprechenden Lehrkräften als zu gering empfunden wird. Sie plädieren dafür, dass mehr Ressourcen für die Sprachförderung der Dritt- und Viertklässler eingesetzt werden, da sich besonders bei der schriftlichen Ausarbeitung von Erzählungen in Schulaufsätzen zeigt, dass auch in der dritten und vierten Klassenstufe der Sprachförderbedarf noch hoch ist.

Einsatz der Lehrkräfte

Im Laufe des vergangenen Schuljahres musste Frau Zehnbauer aufgrund von personellen Engpässen für einen Zeitraum von vier Wochen teilweise aus der Sprachförderung abgezogen werden, um in der Klassenstufe 4 den Regelunterricht abdecken zu können. Daher konnte sie in diesem Zeitraum nur zwei der vier Sprachförderstunden der Klasse 1b übernehmen, die anderen beiden Stunden wurden von der Klassenlehrerin vertreten. Beide Lehrkräfte haben dadurch erfahren, dass die Verteilung einer Sprachfördergruppe auf zwei (oder mehrere Lehrkräfte) aus verschiedenen Gründen nicht praktikabel ist: Der Absprachebedarf erhöht sich um ein Vielfaches, sofern die Sprachförderung kontinuierlich aufeinander aufbauend verlaufen soll. Diese notwendigen Absprachen waren im Schulalltag für beide Lehrerinnen nicht leistbar. Das führte dazu, dass in diesen vier Wochen je nach Lehrkraft verschiedene sprachliche Bereiche innerhalb einer Woche in der Sprachfördergruppe im Fokus standen. Beide Lehrerinnen empfanden es als schwierig, jeweils an die vorangegangenen Schwerpunkte anzuknüpfen und bemerkten außerdem Veränderungen in der Dynamik der Sprachfördergruppen. Die Schüler/innen schienen durch den Lehrerwechsel innerhalb des Faches verwirrt. Beide Lehrerinnen sprechen sich nach dieser Erfahrung dafür aus, die Sprachfördergruppen jeweils fest an eine Lehrkraft zu binden und nicht auf mehrere Lehrkräfte zu verteilen.

Alle Lehrkräfte sind sich darin einig, dass die zusätzlichen Ressourcen für Sprachförderung bei weitem nicht ausreichen, um den Schüler/innen Sprachförderung in der Intensität anbieten zu können, die sie eigentlich benötigen würden. Das bedeutet, dass Sprachförderung auch im Regelunterricht fester Bestandteil und somit Aufgabe aller Lehrkräfte sein muss.

Viele Lehrer/innen aus dem Kollegium fühlen sich allerdings nicht auf die Aufgabe vorbereitet, den Regelunterricht in sprachlich heterogenen Klassen sprachförderlich zu gestalten und dabei die jeweiligen Lernziele in den einzelnen Fächern nicht völlig aus den Augen zu verlieren. Die wenigsten Lehrer/innen der Löwenzahn-Grundschule haben während ihrer Ausbildung spezifische Seminare zum Thema Spracherwerb, Mehrsprachigkeit und/oder Sprachförderung besucht.

Aus dem Gesamtkollegium haben lediglich zwei Lehrerinnen, die in den letzten Jahren für die Sprachförderung hauptverantwortlich zuständig waren, mehrere Weiterbildungen absolviert. Sie fungierten bisher so gut wie möglich als Multiplikatorinnen für das Kollegium. Eine der beiden Expertinnen befindet sich momentan jedoch in Elternzeit.

Auswahl der Kinder

Aus Sicht der Kolleginnen und Kollegen hat sich die Auswahl der Schüler/innen der zweiten bis vierten Klassen nach individueller Einschätzung der Klassenlehrer/innen bewährt. Bei der klassenweisen Zusammenstellung der Sprachfördergruppen aus den ersten Klassen wird die Berücksichtigung des Sprachstands aus organisatorischen Gründen bisher leider vernachlässigt. Auch wenn die Einschätzung des Gesundheitsamts als Basis für die Einteilung in Fördergruppen dient, ist durch die (organisatorisch bedingte) klassenweise Zusammenstellung keine Differenzierung nach Sprachstand unter den ausgewählten Schüler/innen einer Klasse möglich.

In Bezug auf die Sprachförderung für Erstklässler beklagen die Kolleginnen und Kollegen außerdem, dass die Sprachförderung erst deutlich zeitverzögert im Schuljahresverlauf beginnen kann, nämlich abhängig davon, wann die Schule die Ergebnisse zur Sprachstandseinschätzung des Gesundheitsamtes erhält.

Im vergangenen Schuljahr wurden die Ergebnisse erst unmittelbar vor den Herbstferien zur Verfügung gestellt. Das hatte zur Folge, dass erst zwei Wochen nach den Herbstferien mit der Sprachförderung begonnen wurde und es fast bis zu den Weihnachtsferien dauerte, bis sich die Sprachfördergruppen einigermaßen zusammengefügt und etabliert hatten. Dieses Problem zeigte sich besonders bei den beiden Fachlehrer/innen, die anders als die Klassenlehrerin die Schüler/innen nicht aus dem Regelunterricht kannten.

Integration in den Stundenplan

Die Klassenlehrer/innen der ersten Klassen, die selbst keine Sprachfördergruppen aus ihrer Klasse übernehmen konnten, empfinden es als störend, dass in insgesamt vier Unterrichtsstunden Schüler/innen aus dem Klassenverband für die Sprachförderung herausgenommen werden. Dadurch verpassen die Schüler/innen wichtige Inhalte des

Regelunterrichts. Auch die Unterrichtsplanung wird dadurch stark eingeschränkt, denn die Klassenlehrer/innen müssen stets darauf achten, dass in Stunden, in denen nicht die vollständige Klasse anwesend ist, keine neuen Themen, wie z. B. die Einführung eines neuen Buchstabens, anstehen.

Die Fachlehrer/innen, die die Sprachfördergruppen in den ersten Klassen übernommen haben, sind mit der Organisation ebenfalls nicht zufrieden: Wenn Schüler/innen für die Sprachförderung aus dem Regelunterricht herausgeholt werden und diese in einem anderen Klassenzimmer stattfindet, geht oftmals viel Unterrichtszeit verloren, bis tatsächlich mit der Sprachförderung begonnen werden kann. Es kommt häufig vor, dass effektiv nur 30 Minuten tatsächlich für die Sprachförderung genutzt werden können.

Im Gesamtkollegium entsteht an dieser Stelle eine grundsätzliche Diskussion: Aus sprachförderlicher Sicht ist es natürlich erforderlich, dass die Schüler/innen zusätzliche Unterstützung erhalten – aber sind nicht auch andere Lerninhalte, die im Regelunterricht vermittelt werden, mindestens genauso wichtig? Sollte die Priorität auf der Vermittlung von Bildungsstandards liegen oder soll die Deutschkompetenz der Schüler/innen im Fokus stehen? Lässt sich das eine sinnvoll und effizient mit dem anderen verbinden? Das Kollegium sammelt während der Diskussion verschiedene Argumente, die finale Entscheidung für die Priorisierung wird zunächst vertagt und im Zusammenhang mit der Neugestaltung des Sprachförderkonzepts angegangen (vgl. Kapitel 3.3 »Organisation der Sprachförderung an der Löwenzahn-Grundschule« sowie Kapitel 4.6 »Die inhaltliche Ausgestaltung der Sprachförderung an der Löwenzahn-Schule«).

Inhaltliche Ausgestaltung der Sprachförderung

Die Sprachfördergruppen der Erstklässler sind sprachlich sehr heterogen. Die in die Sprachförderung involvierten Lehrer/innen bemerken, dass sie dem inhaltlichen Bedarf der Schüler/innen, besonders in den größeren Gruppen nicht gerecht werden können. Es gibt keine individuellen Förderpläne und es bleibt zu wenig Zeit, um Schüler/innen, die besonders schnell oder nur langsam Fortschritte machen, gezielt zu unterstützen.

Die Diskussion in den Stufenteams zeigt, dass in den einzelnen Klassen der Stufen 2 bis 4 inhaltlich sehr unterschiedlich mit der einzelnen Förderstunde pro Woche umgegangen wird. In den Klassen, in denen die Förderung vom Klassenlehrer selbst übernommen wird, wird die Stunde als »allgemeine« Förderstunde genutzt und es wird Unterrichtsstoff aus allen Fächern nach Bedarf für schwächere Schüler/innen wiederholt. Ein Großteil des Kollegiums empfindet diese allgemeine Lernunterstützung als sehr sinnvoll.

Angesichts des hohen Sprachförderbedarfs einiger Schüler/innen kommt auch hier die Diskussion über die Priorisierung des zusätzlichen Förderbedarfs wieder auf: Brauchen die Schüler/innen besonders in den höheren Klassenstufen in erster Linie

Sprachförderung, obwohl Fächer wie Mathematik doch mindestens genauso wichtig sind? Wie soll zukünftig verfahren werden, wenn Schüler/innen Unterstützungsbedarf beim Spracherwerb, aber auch in anderen Lernbereichen aufweisen? Die Meinungen darüber gehen im Kollegium deutlich auseinander:

Einige Klassenlehrer/innen möchten gerne weiterhin selbst und flexibel entscheiden können, wie sie die zusätzlichen Ressourcen für ihre Klasse nutzen und ob Sprachförderung oder andere Lernbereiche im Fokus stehen. Andere Kolleginnen und Kollegen merken an, dass angesichts des hohen Sprachförderbedarfs der Schülerschaft Sprachförderung oberste Priorität haben sollte, da die Deutschkompetenz den Schlüssel zu allen anderen Bildungsbereichen darstellt.

2.4 Abschließende Schlussfolgerungen aus der Bestandsaufnahme

Während der Bestandsaufnahme und deren Analyse wird deutlich, dass der Wissensstand über den (mehrsprachigen) Spracherwerb und über Sprachförderung im Kollegium sehr heterogen ist und dass die Sprachförderung von den Lehrkräften unterschiedlich priorisiert wird.

Die Lehrer/innen haben während der Diskussionen in den Stufenteams festgestellt, dass das Thema Sprachförderung zwar einen hohen Stellenwert an der Schule hat, sich jedoch nicht alle Kolleginnen und Kollegen gleichermaßen dafür verantwortlich fühlen.

Viele Klassenlehrer/innen beklagen, dass sie über die Abläufe und Inhalte der Sprachförderung nicht ausreichend informiert sind. Gleichzeitig merken auch die Fachlehrer/innen an, nicht genügend Einblicke in die jeweils aktuellen Themen des Regelunterrichts zu haben.

Das hat zur Folge, dass die Sprachförderung – sofern sie nicht die Klassenlehrerin oder der Klassenlehrer übernimmt – inhaltlich weitgehend losgelöst vom Regelunterricht durchgeführt wird. Ein intensiver Austausch über die Inhalte der Sprachförderung und die sprachlichen Fortschritte der Schüler/innen kommt in den Stufenteams und Gesamtkonferenzen häufig zu kurz bzw. findet zu selten statt.

Das Kollegium ist sich in einem wesentlichen Punkt einig: Das Sprachförderkonzept der Löwenzahn-Grundschule muss auf die Veränderungen in der Schülerschaft und im Unterrichtsalltag angepasst werden. Es sollte eine festgelegte und für alle Lehrer/innen verbindliche Vorgehensweise beinhalten, an der sich das gesamte Kollegium orientieren kann.

Herr Häberlein macht deutlich, dass das Kollegium dafür eine gemeinsame theoretische und didaktische Basis benötigt, und sieht Fortbildungsbedarf. Unterstützt wird er dabei von den bisher hauptverantwortlich in die Sprachförderung involvierten Lehrerinnen. Diese wünschen sich ein Curriculum für die Sprachförderung in den einzelnen Stufen, das bei der Umsetzung der Sprachförderung auch denjenigen Lehrer/innen helfen soll, die neu in die Sprachförderung einsteigen und ggf. auf geringe

Erfahrungen zurückgreifen. An der Entwicklung eines solchen Curriculums sollte idealerweise das gesamte Kollegium beteiligt sein.

Das Kollegium beschließt, einen Studientag vollständig dem Thema Sprachförderung zu widmen. In Arbeitsgruppen sollen Lösungen und Ideen für die Optimierung der Sprachförderung und erste Grundlagen für ein spezifisches Sprachförder-Curriculum entwickelt werden. Ein Großteil des Kollegiums wünscht sich außerdem fachlichen Input zur Gestaltung von Sprachförderung im Regelunterricht.

An dieser Stelle verlassen wir die Löwenzahn-Schule wieder, um uns zunächst allgemein dem Thema »Organisation von Sprachförderung« zu widmen. Zu gegebener Zeit kehren wir dann wieder an die Schule zurück und schauen, welche organisatorischen und inhaltlichen Veränderungen das Kollegium umsetzen möchte.

Checkliste zur Erfassung und Reflexion des Ist-Zustandes der Sprachförderung an der Schule

- Wie viele Stunden werden effektiv für Sprachförderung genutzt?
- Kann die Sprachförderung kontinuierlich stattfinden?
- Auf wie viele Lehrkräfte sind die Stunden verteilt?
- Finden (inhaltliche) Absprachen zwischen den Lehrkräften statt?
- Sind die Lehrkräfte, die Sprachförderung unterrichten, im Bereich Sprachförderung ausgebildet (z. B. durch zusätzliche Fortbildungen)?
- Wie groß sind die Sprachfördergruppen?
- Ist die Zusammensetzung der Sprachfördergruppen sprachlich homogen oder heterogen?
- Nach welchen Kriterien werden die Sprachfördergruppen zusammengestellt?
- Wie wird der Sprachstand der Schüler/innen eingeschätzt?
- Werden die sprachlichen Fortschritte der Kinder dokumentiert?
- Ist die Sprachförderung in Kleingruppen (organisatorisch) mit dem Regelunterricht vereinbar?
- Werden Sprachförderung und Regelunterricht inhaltlich verknüpft?
- Gibt es zusätzliche Angebote für Sprachförderung durch außerschulische Partner?
- Sind die außerschulischen Angebote mit der schulinternen Sprachförderung vernetzt?

3. Mögliche Organisationsformen von Sprachförderung in der Grundschule

Zu Beginn dieses Kapitels haben wir erst einmal eine Nachricht für Sie, die Sie als Pädagog/in vermutlich nicht überraschen wird: Auch wenn das vieles vereinfachen würde, gibt es – trotz einiger Erkenntnisse und Erfahrungswerte aus Wissenschaft und Praxis – nicht das eine »richtige« oder »ideale« Sprachförderkonzept für den Primarbereich.

Weder existiert ein ideales Modell noch ein allgemeines Patentrezept für die Sprachförderung an Grundschulen, das Sie eins zu eins an Ihrer Schule umsetzen können. Daher halten wir für Sie auch keine fertige Materialsammlung bereit, die Sie durch den Kopierer jagen und beliebig einsetzen können.

Sicherlich haben Sie schon beim Lesen von Kapitel 2 (»Sprachliche Bildung und Sprachförderung in der Grundschule: Ein Fallbeispiel«) festgestellt, dass sich Ihre Schule von der Löwenzahn-Grundschule in einigen (vielleicht sogar wesentlichen Punkten) unterscheidet. Die Ausgangslage, die Ressourcen, die Zusammensetzung des Kollegiums, der Unterrichtsalltag und nicht zuletzt die Schülerschaft einer jeden Schule sind nun einmal individuell verschieden und/oder ändern sich im Laufe der Zeit.

Ein Sprachförderkonzept setzt daher immer voraus, sich mit den aktuellen Gegebenheiten vor Ort kritisch auseinanderzusetzen und sich im Kollegium wiederholt intensiv auszutauschen. Darüber hinaus sind der Erwerb und die Vertiefung theoretischer Grundlagen im Bereich Spracherwerb und Mehrsprachigkeit für JEDE Lehrkraft unverzichtbar, vor allem dann, wenn sie an einer Schule mit einem hohen Anteil an Kindern mit Förderbedarf arbeitet. Ohne Anstrengung und ein hohes Maß an Eigeninitiative geht es also leider nicht!

Doch wir hätten keinen Leitfaden verfasst, wenn wir Ihnen keine Ratschläge und Empfehlungen geben und Ideen unterbreiten könnten, die von anderen Grundschulen[9] erprobt und als sinnvoll erachtet wurden.

---

9 Zahlreiche Best-Practice-Ideen und Erfahrungen wurden unter anderem im Rahmen von »Sprache macht stark! – Grundschule«, einem Projekt der BASF-Initiative »Offensive Bildung« gesammelt und in der Praxis erprobt. »Sprache macht stark! – Grundschule« ist ein Beratungskonzept für Grundschulen mit dem Ziel, die Sprachförderung an Grundschulen zu verbessern und bestehende Sprachförderangebote zu vernetzten. In der »Offensive Bildung« engagieren sich seit 2005 Wirtschaft, Spitzenverbände, Träger von Kindertagesstätten, Schulen, Wissenschaft und Fachpraxis gemeinsam für gute und vielseitige frühkindliche Bildung in den Kitas und Grundschulen der Metropolregion Rhein-Neckar. Bis heute haben 470 Einrichtungen, davon 440 Kindertagesstätten, 24 Grundschulen und 6 pädagogische Fachschulen an den Projekten teilgenommen. Hierbei wurden über 3 600 pädagogische Fach- und Lehrkräfte geschult und über 41.000 Kinder erreicht (Stand 30. September 2016). Weitere Informationen erhalten Sie auf der Website www.offensive-bildung.de.

Wir skizzieren daher im nächsten Teil des Buchs unterschiedliche Modelle, Organisationsformen und Ideen für die Ausgestaltung von Sprachförderung, die sich an Schulen im Unterrichtsalltag bewährt haben. Die dargestellten Modelle und Ideen sind als Impulse zu verstehen, die Sie bei der Entwicklung Ihres Sprachförderkonzeptes berücksichtigen, weiterentwickeln und auf die Situation Ihrer Schule anpassen können.

In Abschnitt 3.1 liegt der Fokus auf unterschiedlichen Möglichkeiten der Organisation von Sprachförderung. In Abschnitt 3.2 zeigen wir Ihnen Ideen zur inhaltlichen Ausgestaltung auf. An entsprechender Stelle kehren wir wieder zur Löwenzahn-Schule zurück.

3.1 Organisationsformen von Sprachförderung

Sprachförderung lässt sich in Bezug auf die Form grundsätzlich unterschiedlich organisieren: Sie kann beispielsweise in gesonderten Kleingruppen oder im Regelunterricht für die gesamte Klasse erfolgen.

Kleingruppen können wiederum nach unterschiedlichen Kriterien zusammengestellt werden: die Förderung erfolgt entweder klassenweise oder in leistungshomogenen Gruppen, die klassenübergreifend auf Stufenebene oder stufenübergreifend realisiert werden.

Sprachförderung im Regelunterricht kann durch Teamteaching-Angebote sinnvoll ergänzt werden.

Für bestimmte Gruppen von Schüler/innen wie beispielsweise Seiteneinsteiger/innen, die ohne Deutschkenntnisse eingeschult werden, existieren an einigen Schulformen spezifische Klassen, in denen die Schüler/innen separat und nach eigenen Curricula unterrichtet werden. Je nach Bundesland und Schuletappe (Primarstufe, Sekundarstufe I und Sekundarstufe II) unterscheiden sich die Vorgaben für die Organisation von Sprachförderung von Seiteneinsteiger/innen und es werden verschiedene Begrifflichkeiten für die Organisationsformen [z. B. »(Internationale) Vorbereitungsklasse«, »Deutschförderklasse«, »Eingliederungslehrgang« oder »Stützkurs«] verwendet.[10]

Sprachförderung in Kleingruppen

Kleingruppen können für sprachlich schwächere, aber auch introvertierte Schüler/innen besonders vorteilhaft sein. In kleineren Gruppen trauen sich Kinder eher, sich

10 Eine ausführliche Bestandsaufnahme zur Sprachförderung von Kindern und Jugendlichen im deutschen Schulsystem findet sich in: Mercator-Institut für Sprachförderung und Zentrum für LehrerInnenbildung der Universität zu Köln (Hrsg.) (2015): Neu zugewanderte Kinder und Jugendliche im deutschen Schulsystem. Bestandsaufnahme und Empfehlungen. Köln.

mitzuteilen, auch wenn sie sprachlich noch Unterstützungsbedarf haben. Auch uns Erwachsenen fällt es in der Regel leichter, in kleineren Gruppen und geschütztem Rahmen zu sprechen. Doch wie klein soll eine Kleingruppe im Idealfall eigentlich sein? Auch auf diese Frage gibt es leider keine eindeutige Antwort. Dennoch können wir Ihnen einige Entscheidungshilfen an die Hand geben.

In der Regel wird die Frage nach der Größe der Kleingruppe meist durch die verfügbaren Ressourcen beantwortet: Je weniger Stunden für die Sprachförderung im Verhältnis zum Sprachförderbedarf der Schüler/innen insgesamt zur Verfügung stehen, desto größer müssen in der Regel auch die Kleingruppen sein, um möglichst vielen Schüler/innen die Teilnahme an der Sprachförderung ermöglichen zu können.

Unabhängig von den Ressourcen haben Erfahrungswerte in Kindertagesstätten und Schulen gezeigt, dass mit einer Anzahl von vier bis sechs Schüler/innen pro Kleingruppe ein am Sprachstand orientiertes Arbeiten sehr gut machbar ist und eine vertrauensvolle Lernatmosphäre geschaffen werden kann (Lemke/Tracy 2009).

Eine Kleingruppe mit weniger Schüler/innen ermöglicht natürlich ein noch individuelleres Arbeiten. Die Kommunikation innerhalb der Gruppe gestaltet sich bei weniger Kindern aber auch weniger vielfältig.

Je mehr Schüler/innen an einer Kleingruppe teilnehmen, desto weniger kann die Lehrkraft auf die individuellen Bedürfnisse der Schüler/innen eingehen und desto weniger Zeit bleibt für jede einzelne Schülerin und jeden einzelnen Schüler, selbst zu Wort zu kommen.

Sprachförderung in einer Kleingruppe kann zusätzlich zum Regelunterricht in Randstunden oder am Nachmittag erfolgen. Nicht jeder Unterrichtstag bietet dafür aber die notwendigen zeitlichen Lücken an, so dass die Kleingruppenförderung auch parallel zum Regelunterricht realisiert werden kann bzw. muss.

An dieser Stelle kommen wir kurz zu unserem Fallbeispiel zurück und erinnern an die Diskussion im Kollegium der Löwenzahn-Schule, ob und inwieweit Sprachförderung und Regelunterricht einander im Weg stehen. Aufgrund von organisatorischen Einschränkungen müssen viele Schulen Sprachförderung und Regelunterricht parallel stattfinden lassen, was gleichzeitig eine »Entweder-Oder«-Entscheidung mit sich bringt: Soll eine Schülerin oder ein Schüler an der Sprachförderung teilnehmen und den Regelunterricht stundenweise verpassen? Oder hat die Teilnahme am Regelunterricht Priorität, damit die Schüler/innen keine Unterrichtsinhalte versäumen?

Diese Fragen lassen sich nicht pauschal für alle Schüler/innen beantworten und eigentlich müssen wir an dieser Stelle antworten: »Jein« bzw. »Es kommt darauf an«. Grundsätzlich sollte die Priorisierung von Regelunterricht oder Sprachförderung immer in Anbetracht der Kompetenzen und Bedürfnisse der Schüler/innen entschieden werden. Wenn die sprachlichen Kompetenzen einer Schülerin oder eines Schülers zu gering sind, um den Inhalten des Regelunterrichts in ausreichendem Umfang folgen zu können, dann profitiert die Schülerin bzw. der Schüler mehr, wenn sie / er an einer spezifischen zusätzlichen Sprachförderung teilnimmt, auch wenn diese vielleicht parallel zum Regelunterricht stattfindet. Ziel sollte es sein, dass die Schüler/innen schnellstmöglich ihre sprachlichen Kompetenzen im Deutschen so weit ausbauen, dass diese für den Regelunterricht ausreichen. Um zu entscheiden, ob eine Schülerin oder ein Schüler besser an der Sprachförderung oder am Regelunterricht teilnimmt, muss also der individuelle Sprachstand berücksichtigt werden. Es kommt aber auch darauf an, welches Fach die Schülerin oder der Schüler durch die Teilnahme an der Sprachförderung im Regelunterricht verpassen würde, und auch hierfür muss die Entscheidung orientiert an den sprachlichen und jeweiligen fachlichen Kompetenzen sowie am allgemeinen Lerntempo der Schüler/innen getroffen werden.

Ein Beispiel: Ein Schüler mit sehr geringen Deutschkenntnissen kann sich vor allem in Fächern wie Sport oder Kunst sehr gut in seiner Regelklasse einbringen. Im Sachkundeunterricht wird er jedoch aufgrund des geringen Sprachverständnisses kaum folgen können. Dieser Schüler sollte also nicht während des Sport- oder Kunstunterrichts an der Sprachförderung teilnehmen, sondern wenn möglich lieber Fächer verpassen, in denen er ohne Sprachkenntnisse ohnehin nicht mitarbeiten kann.

Im Schulalltag ist es leider oft nicht machbar, auf die individuellen Stärken, Schwächen und Kompetenzen einzelner Schüler/innen im beschriebenen Umfang einzugehen. Trotzdem sollten bei der Entscheidung für oder gegen die Teilnahme an Sprachförderung, die stundenweise parallel zum Regelunterricht stattfindet, immer die folgenden Fragen bzw. Überlegungen im Fokus stehen: Was brauchen die Schüler/innen? Hilft es der Schülerin oder dem Schüler wirklich, wenn sie oder er flüssig laut vorlesen kann, jedoch überhaupt nicht versteht, was sie oder er vorliest? Reichen die sprachlichen Kompetenzen der Schüler/innen aus, um am Unterricht teilnehmen zu können? Wenn nicht, sollte die Priorität auf der (zusätzlichen) Sprachförderung liegen – nicht als Entscheidung gegen den Regelunterricht, sondern um schnellstmöglich die aktive Teilhabe am Regelunterricht ermöglichen zu können.

In den folgenden Abschnitten stellen wir Ihnen verschiedene Organisationsformen zu Realisierung von Sprachförderung in Kleingruppen vor und beleuchten jeweils die Vor- und Nachteile sowie die Voraussetzungen, die jede Organisationsform mit sich bringt.

Klassenweise Sprachfördergruppen

Die naheliegende und organisatorisch einfachste Möglichkeit zur Umsetzung von Sprachförderung in Kleingruppen ist, diese klassenweise zu realisieren – so wie es auch bisher an der Löwenzahn-Grundschule der Fall war.

Innerhalb dieser Organisationsform werden jeder Klasse, die von Schüler/innen mit Sprachförderbedarf besucht wird, zusätzliche Stunden für Sprachförderung zugewiesen. Diese können entweder von der Klassenlehrerin bzw. dem Klassenlehrer selbst unterrichtet oder von einer Sprachförderlehrkraft übernommen werden. Im Idealfall legt man diese Stunden in Randstunden, so dass die teilnehmenden Schüler/innen den Regelunterricht nicht verpassen.

Findet die Sprachförderung in Randstunden statt, können die Schüler/innen, die an der Sprachförderung teilnehmen, früher mit dem Schultag beginnen – etwa wenn der Regelunterricht für die Gesamtklasse erst in der zweiten Schulstunde startet – oder eine Stunde länger in der Schule bleiben. Diese Vorgehensweise lässt sich allerdings nicht in Ganztagsschulen umsetzen.

Kleingruppen auf Klassenebene parallel zum Regelunterricht sind nur dann zu realisieren, wenn entweder der Klassenunterricht oder die Sprachförderung von einer Fachlehrerin oder einem Fachlehrer übernommen wird.

Bei klassenweise gebildeten Sprachfördergruppen ist es sehr schwer bis unmöglich, leistungshomogene Sprachfördergruppen orientiert am Sprachstand zu bilden. Es wird selten der Fall sein, dass alle Schüler/innen mit Sprachförderbedarf aus einer Klasse sich auf dem gleichen sprachlichen Kompetenzniveau befinden.

Natürlich besteht rein theoretisch die Möglichkeit, eine Leistungsdifferenzierung orientiert am Sprachstand vorzunehmen und auch auf Klassenebene Sprachfördergruppen nach unterschiedlichen sprachlichen Kompetenzniveaus zu bilden. Das bedeutet aber, dass pro Klasse zwei (oder mehr) Sprachfördergruppen entstehen, was wiederum sehr ressourcenintensiv und in der Regel nicht für alle Klassen einer Schule machbar ist.

Bei klassenweiser Sprachförderung besteht darüber hinaus die Gefahr, dass die eingesetzten Ressourcen nicht (nur) für die Sprachförderung, sondern für eine allgemeine Förderung verschiedener Lernbereiche genutzt werden und der Fokus auf Sprachförderung verloren geht. An dieser Stelle möchten wir daher noch einmal auf das Prinzip der Priorisierung verweisen (vgl. S. 45).

Organisatorische Voraussetzung für die Realisierung von Sprachfördergruppen pro Klasse sind also eine große Anzahl an zusätzlichen Ressourcen für spezifische Sprachförderung und die Möglichkeit, die Sprachförderung in Randstunden zu legen. Alternativ kann die Sprachförderung parallel zum Regelunterricht stattfinden, wofür pro Klasse mindestens eine zusätzliche Lehrkraft sowie ein zusätzlicher Raum erforderlich sind.

Leistungshomogene Sprachfördergruppen

Auch wenn es organisatorisch einfacher erscheinen mag, Sprachfördergruppen klassenweise einzurichten, ist es aus sprachförderlicher Sicht sinnvoller und effizienter, die Sprachfördergruppen orientiert am Sprachstand der Schüler/innen zusammenzustellen (vgl. Kapitel 3.2 »Sprachstandseinschätzung«).

In leistungshomogenen Gruppen haben Lehrer/innen eher die Möglichkeit, einen konkreten Förderplan zu verfolgen, der auf den Sprachstand der Sprachförderschüler/innen zugeschnitten ist. Dadurch können spezifische sprachliche Strukturen kontinuierlich und über einen längeren Zeitraum gefördert werden. Insbesondere schüchterne Schüler/innen profitieren von leistungshomogenen Gruppen und trauen sich nach Aussagen vieler Lehrkräfte eher, sich sprachlich mitzuteilen, wenn sie das Gefühl haben, dass sich die anderen Schüler/innen der Gruppe auf einem vergleichbaren sprachlichen Leistungsniveau befinden wie sie selbst.

In der Regel reichen die Ressourcen einer Schule nicht aus, um klassenweise leistungshomogene Sprachfördergruppen zu bilden, so dass es ratsam ist, klassenübergreifende Sprachfördergruppen auf Stufenebene oder sogar stufenübergreifende Gruppen zu bilden.

Leistungshomogene oder -heterogene Sprachförderung?

Argument für leistungsheterogene Gruppen ist oftmals, dass sich die sprachlich schwächeren Schüler/innen an den sprachlich weiter fortgeschrittenen Schüler/innen orientieren und diese als Sprachvorbilder nutzen können. Da Schüler/innen aber ohnehin mehr Zeit in den Regelklassen verbringen als in Kleingruppen, haben sie außerhalb der Kleingruppe ausreichend Kontakt zu sprachlichen Vorbildern. In leistungshomogenen Gruppen fühlen sich die Schüler/innen oft sicherer, weil sie merken, dass ihre Mitschüler/innen sich auf einem vergleichbaren sprachlichen Niveau befinden, und trauen sich dadurch eher, sich sprachlich zu äußern. Lehrer/innen fällt das Unterrichten in leistungshomogenen Gruppen häufig leichter, weil sie sich auf den Kompetenzstand der Schüler/innen einstellen und ein für alle Schüler/innen passendes Unterrichtsangebot vorbereiten können. Das ist in leistungsheterogenen Gruppen schwieriger.

Klassenübergreifende Sprachfördergruppen auf Stufenebene

Klassenübergreifende Kleingruppen auf Stufenebene zu bilden bedeutet, den Sprachstand der Kinder über Klassengrenzen hinweg zu berücksichtigen. Je nach Stufengröße und Bedarf sowie abhängig von den verfügbaren Ressourcen können so pro Stufe Sprachfördergruppen nach Sprachstand gebildet und in unterschiedliche Niveaustufen eingeteilt werden (z. B. Niveau 1, Niveau 2 und Niveau 3).

Dabei bietet es sich an, die Sprachfördergruppen möglichst parallel stattfinden zu lassen und – um die Unruhe für Schüler/innen und Lehrer/innen möglichst gering zu halten – ein festes »Förderband« einzurichten: Das bedeutet, dass die Sprachförderung (täglich) immer in der gleichen Schulstunde liegt. Alle Beteiligten können sich also gut darauf einstellen.

Durch parallel stattfindende Sprachfördergruppen ergibt sich außerdem der Vorteil, dass die Sprachförderung bei personellen Engpässen nicht ausfallen muss, sondern die betroffenen Sprachförderkinder auf die parallelen Sprachfördergruppen aufgeteilt werden können. Zwar sind die Gruppen dann nicht mehr leistungshomogen, die Sprachförderung muss aber nicht vollständig entfallen. Außerdem haben die Lehrkräfte während des Schuljahres die Möglichkeit, die Zusammensetzung der Sprachfördergruppen bei Bedarf zu verändern: Beispielsweise können Schüler/innen, die besonders schnell Fortschritte machen, einfach und ohne Planungsaufwand in eine Gruppe mit höherem Sprachstandsniveau wechseln.

Organisatorische Voraussetzung für klassenübergreifende Sprachfördergruppen auf Stufenebene ist zunächst einmal die Sprachstandseinschätzung der Kinder (vgl. S. 56). Eine weitere wichtige Voraussetzung ist ausreichend Lehrpersonal. Beispielsweise werden bei zwei Fördergruppen pro Stufe zusätzlich zu den Klassenlehrer/innen zwei Lehrkräfte für die Sprachförderung benötigt. Ein separater Raum und ein regelmäßiger Austausch der Sprachförderkräfte und Klassenlehrer/innen sind ebenfalls unerlässlich.

Stufenübergreifende Sprachfördergruppen

Wenn Sprachfördergruppen stufenübergreifend gebildet werden, wird eine noch differenziertere Gruppenzusammenstellung nach Sprachstand möglich und der sprachliche Entwicklungsstand der Schüler/innen kann vollständig in den Fokus der Sprachförderung rücken.

Der Nachteil: Stufenübergreifendes Arbeiten bedeutet gleichzeitig, dass die Schüler/innen unterschiedliche kognitive Entwicklungsstände, unterschiedliche Interessen und unterschiedliche Lese- und Schreibkompetenzen mitbringen. Auch eine inhaltliche Anbindung an den Regelunterricht wird bei stufenübergreifenden Sprachfördergruppen kompliziert. Daher eignen sich stufenübergreifende Sprachfördergruppen besonders für sprachlich sehr schwache Schüler/innen, die im Spracherwerbsprozess noch relativ am Anfang stehen. Es sollte darauf geachtet werden, dass das Alter der Schüler/innen nicht zu stark divergiert. Problemlos können Sprachfördergruppen aus den ersten beiden Jahrgangsstufen, aus Stufe 2 und 3 und aus Stufe 3 und 4 zusammengelegt werden.

Der organisatorische und stundenplanerische Aufwand bei stufenübergreifenden Sprachfördergruppen ist meist höher. Aufgrund der unterschiedlichen Stundenpläne der einzelnen Klassen lassen sich stufenübergreifende Sprachfördergruppen häufig nur realisieren, indem die Schüler/innen aus dem Regelunterricht herausgenommen werden. Auch hier ist die Implementierung eines Förderbandes ratsam, damit für die Klassenlehrer/innen gut planbar ist, wann Schüler/innen nicht am Regelunterricht teilnehmen können.

Darüber hinaus ist die Einrichtung eines festen Raumes für die Sprachförderung hilfreich, damit die Schüler/innen selbständig in den Förderunterricht gehen können. Andernfalls muss die Sprachförderlehrkraft zu Beginn der Sprachförderstunde die Schüler/innen aus verschiedenen Klassenräumen und oft auch Stockwerken abholen, wodurch wertvolle Förderzeit verloren geht.

Die Organisationsform der stufenübergreifenden Sprachfördergruppen vereinfacht die Zusammenstellung leistungshomogener Gruppen, besonders wenn der Schule insgesamt nicht so viele Deputatsstunden für Sprachförderung zur Verfügung stehen. Der Sprachstand der Schüler/innen lässt sich genau berücksichtigen und es können konkrete Förderpläne erstellt werden, die detaillierter sind als in anderen Organisationsformen.

Auch für stufenübergreifende Fördergruppen ist die Sprachstandserhebung Grundvoraussetzung. Ausreichend verfügbares Lehrpersonal sowie ein regelmäßiger Austausch der Sprachförderlehrkräfte sind zudem die Grundlage für diese Organisationsform der Sprachförderung.

Sprachförderung im Regelunterricht

Die Vermittlung von Unterrichtsinhalten erfolgt in allen Fächern über Sprache und Interaktion, daher ist Sprachförderung implizit Bestandteil einer jeden Unterrichtsstunde, in der (geschriebene oder gesprochene) Sprache zum Einsatz kommt. Schulen, deren Schülerschaft einen hohen Anteil an Schüler/innen mit Sprachförderbedarf aufweist, können den Regelunterricht gezielt nutzen, um die Schüler/innen in ihrem Spracherwerb zu unterstützen und die Kontinuität und Effizienz von zusätzlichen Sprachförderangeboten, die additiv zum Regelunterricht z. B. in Kleingruppen umgesetzt werden, zu erhöhen.

Natürlich ist es im Klassenverband um ein Vielfaches schwieriger, zielgerichtete systematische Sprachförderung umzusetzen, denn innerhalb einer Klasse ist der Sprachstand der Schüler/innen meist sehr heterogen. Nichtsdestotrotz kann der Regelunterricht sprachförderlich gestaltet werden – mit dem »Gratiseffekt«, dass alle Schüler/innen einer Klasse von der Sprachförderung profitieren. Eine unterstützende Organisationsform stellt das Teamteaching dar, das wir im nächsten Abschnitt vorstellen. In Kapitel 4 (»Inhaltliche Ausgestaltung der Sprachförderung«) werden wir Ihnen Tipps für die inhaltliche Gestaltung des Regelunterrichts an die Hand geben.

Teamteaching

Das Unterrichtsprinzip des Teamteachings kann in unterschiedlichsten Bildungsbereichen gewinnbringend sein und ist auch für die Umsetzung von Sprachförderung sinnvoll – sofern es gut durchdacht und geplant eingesetzt wird. Das Prinzip erscheint zunächst einfach: Zwei Lehrer/innen werden einer Klasse zugeordnet und unterrichten gemeinsam in der Klasse den gleichen Unterrichtsstoff.

Für die Umsetzung von Sprachförderung durch Teamteaching sind grundsätzlich zwei Vorgehensweisen denkbar:

Beide Lehrkräfte (z. B. Klassenlehrer/in und Sprachförderlehrer/in) sind gemeinsam in der Klasse. Die Sprachförderlehrkraft hat die Aufgabe, die sprachlich schwächeren Schüler/innen z. B. durch zusätzlichen Input, Worterklärungen oder sprachliche Hilfen zu unterstützen. Dabei besteht häufig die Gefahr, dass durch die Größe der Regelklassen nicht alle Schüler/innen mit Sprachförderbedarf in ausreichendem Umfang unterstützt werden können. Oft rutscht die zusätzliche Sprachförderlehrkraft in die Rolle einer allgemein unterstützenden Hilfslehrkraft und der Effekt der Sprachförderung verpufft.

Um dieser Gefahr entgegenzuwirken, sollte das Teamteaching genau geplant und strukturiert werden. So kann beispielsweise aus der Gesamtklasse eine feste Gruppe an Schüler/innen mit Sprachförderbedarf gebildet werden. Diese Gruppe wird in festgelegten Unterrichtsstunden von der jeweils zusätzlichen Lehrkraft aus dem Klassenverband herausgenommen. Anders als bei der Sprachförderung in Kleingruppen wird beim Teamteaching jedoch der gleiche Unterrichtsstoff des Regelunterrichts auch für die Gruppe der Sprachförderschüler/innen unterrichtet, jeweils angepasst an den Sprachstand der Schüler/innen.

Voraussetzung für ein effektives und strukturiertes Teamteaching ist die gemeinsame Unterrichtsplanung der beiden Lehrkräfte im Team mit entsprechender Vorlaufzeit, so dass sich beide Lehrkräfte auf den Unterricht vorbereiten können.

Teamteaching eignet sich besonders für höhere Klassenstufen und für Schüler/innen, die sprachlich schon weiter fortgeschritten sind, aber noch Förderbedarf z. B. im bildungssprachlichen Bereich aufweisen. Durch die Implementierung von Teamteaching können Sie vermeiden, dass Schüler/innen für die Sprachförderung aus dem Regelunterricht herausgenommen werden und wichtige Unterrichtsinhalte verpassen.

Organisatorische Voraussetzungen für das Teamteaching sind – neben der Sprachstandserhebung – wiederum ausreichend Lehrpersonal für eine Doppelbesetzung, eventuell ein separater Raum und die gemeinsame Unterrichtsvorbereitung der Lehrerteams.

Sprachförderung für Seiteneinsteiger/innen

Bislang fehlt in Deutschland ein übergreifendes Konzept für die Sprachförderpraxis mit neu zugewanderten Schülerinnen und Schülern. Seiteneinsteiger/innen werden häufig während des laufenden Schuljahres eingeschult und in der Regel nach Alter einer Schulstufe zugeordnet. Die Kinder sollen möglichst schnell möglichst umfassend sowohl am sozialen Leben in Deutschland als auch am Schulunterricht teilhaben können.

Für die Förderung von Seiteneinsteigerschüler/innen gibt es eine große Bandbreite an organisatorischen Möglichkeiten, die von unmittelbarer Integration in den Klassenverband (ohne zusätzliche Sprachfördermaßnahmen) bis hin zur Einrichtung separater Klassen (z. B. »Willkommensklasse« oder »Vorbereitungsklasse«) reichen. Bislang wurden in den Bundesländern fünf Organisationsmodelle entwickelt (Mercator-Institut für Sprachförderung et. al. 2015, S. 7).

Submersives Modell

Die Seiteneinsteiger/innen besuchen ab ihrem ersten Schultag eine Regelklasse und nehmen an allgemeinen Förderangeboten der Schule teil.

Integratives Modell

Die Seiteneinsteiger/innen besuchen ab ihrem ersten Schultag eine Regelklasse und erhalten zusätzlich zum Regelunterricht additive Sprachförderung.

Teilintegratives Modell

Die Seiteneinsteiger/innen werden im Umfang einer bestimmten Stundenzahl in einer speziell eingerichteten Klasse unterrichtet und nehmen in spezifischen Fächern am Regelunterricht teil.

Paralleles Modell

Seiteneinsteiger/innen besuchen für einen bestimmten Zeitraum (z.B. für die Dauer eines Schuljahres) eine speziell eingerichtete Klasse, die parallel zu den Regelklassen geführt wird, und werden anschließend in die Regelklassen integriert.

Paralleles Modell Schulabschluss

Seiteneinsteiger/innen besuchen für einen bestimmten Zeitraum (z.B. für die Dauer eines Schuljahres) eine speziell eingerichtete Klasse, die parallel zu den Regelklassen geführt wird, und verbleiben dort bis zu ihrem Schulabschluss.

Die dargestellten Organisationsmodelle zur Umsetzung von Sprachförderung für Seiteneinsteiger/innen erweisen sich in der Praxis mal als mehr, mal als weniger effektiv. Im Rahmen von wissenschaftlichen Untersuchungen versucht man aktuell nachzuweisen, welche Organisationsformen sich besonders positiv auf die sprachliche Entwicklung der Seiteneinsteiger/innen auswirken. So untersuchen Ahrenholz et al. (2016) im Rahmen des Bundesprojektes »Bildung durch Sprache und Schrift« (BiSS) die Effekte unterschiedlicher Organisationsformen zur Integration von Seiteneinsteiger/innen in den Schulalltag der Sekundarstufe I. Aus einer Studie der OECD (Organisation für wirtschaftliche Zusammenarbeit und Entwicklung) werden für Seiteneinsteiger/innen aktuell kurz-, mittel- und langfristige Handlungsempfehlungen abgeleitet.

Kurzfristige Maßnahmen nach OECD (2015):

- Gezielte Sprachförderung parallel zur schnellen Integration in reguläre Klassen: Unterricht von Migranten in separaten Klassen sollte nach Möglichkeit vermieden werden.
- Migranten sollten dazu ermuntert werden, ihre Kinder möglichst rasch in qualitativ hochwertigen Einrichtungen der frühkindlichen Bildung anzumelden.
- Alle Schulen sollten in die Lage versetzt werden, Migranten aufzunehmen.

Mittelfristige Maßnahmen mit großem Effekt nach OECD (2015):

- Schüler/innen mit Migrationshintergrund sollten nicht an benachteiligten Schulen konzentriert werden.
- Schüler/innen sollten gemischt und nicht nach Leistungsniveau getrennt unterrichtet werden. Eine frühe Aufteilung auf verschiedene Schulzweige und Klassenwiederholung sollte vermieden werden.
- Eltern vom Migrantenkindern sollten zusätzlich unterstützt werden.

Maßnahmen zur Stärkung von Integration nach OECD (2015):

- Innovation unterstützen und evaluieren, finanzielle Mittel auf erfolgreiche Projekte konzentrieren
- den Wert kultureller Vielfalt anerkennen

Die Erfahrungen, die wir bisher aus der Kooperation mit der Praxis gewinnen konnten, entsprechen den Handlungsempfehlungen der OECD: Aus Sicht vieler Lehrer/innen hat es sich bewährt, Schüler/innen ohne Deutschkenntnisse möglichst intensiv und kontinuierlich zu fördern – abhängig von den zur Verfügung stehenden Ressourcen in kleinen Gruppen oder sogar durch Einzelförderung. Gleichzeitig profitieren die Schüler/innen aber auch davon, vom Zeitpunkt der Einschulung an Anschluss an eine Regelklasse zu haben und neben den Sprachfördermaßnahmen stundenweise in die Klasse integriert zu werden, so wie es im teilintegrativen Modell vorgeschlagen wird.

Schüler/innen, die keine Sprachkompetenzen im Deutschen mitbringen, können im Regelunterricht kaum oder gar nicht folgen. Diese Erfahrung ist für viele Schüler/innen sehr frustrierend oder beängstigend. Daher profitieren die Seiteneinsteiger/innen besonders von Sprachförderung in kleinen Gruppen und einem geschützten Rahmen. Je nach schulischer Vorerfahrung können die Schüler/innen in einigen Fächern wie z. B. Englisch, Mathematik, Kunst und Sport auch ohne oder mit sehr geringen Sprachkenntnissen mitarbeiten. Solche Erfolgserlebnisse sind motivierend für die Schüler/innen. Nach Möglichkeit sollte bei der Planung berücksichtigt werden, dass den Seiteneinsteiger/innen die Teilnahme an solchen Fächern ermöglicht wird.

Je nach Lernfortschritt kann der Anteil an Teilhabe im Regelunterricht oder an Sprachförderung individuell für jede Schülerin und jeden Schüler angepasst werden. Hilfreich ist dabei eine möglichst detaillierte Kenntnis des Sprachstandes. Den schulischen Vorerfahrungen der Schüler/innen entsprechend sollten Sie aber auch Kompetenzen in anderen Fächern wie z. B. in Mathematik oder Englisch im Blick behalten. Einige Seiteneinsteiger/innen haben in ihrem Herkunftsland bereits eine Schule besucht und bringen entsprechende Kompetenzen mit. Sie können dann in manchen Fächern bereits am Regelunterricht teilhaben und Erfolgserlebnisse verzeichnen – was sich wiederum motivierend auf den Deutscherwerb auswirken kann.

Erfahrungen von Lehrer/innen im Umgang mit Seiteinsteiger/innen zeigen auch, dass es gut machbar ist, die Sprachförderung für Seiteneinsteiger/innen stufenübergreifend stattfinden zu lassen. Das unterschiedliche Alter der Schüler/innen stellt kein Problem dar, weil Schüler/innen ohne Deutschkenntnisse zunächst die gleichen sprachlichen Grundkompetenzen erwerben müssen. Auch die (altersbedingt) verschiedenen kognitiven Kompetenzen der Schüler/innen sprechen nicht gegen stufenübergreifende Gruppen, da bei der Vermittlung sprachlicher Grundkompetenzen auf komplexere Aufgaben, die kognitiv weniger weit entwickelte Schüler/innen überfordern könnten, gut verzichtet werden kann, ohne dass kognitiv weiter entwickelte Schüler/innen sich unterfordert fühlen. Erst nach einigen Lernfortschritten kann es sinnvoll sein, am Sprachstand orientierte leistungsdifferenzierte Gruppen zu bilden. Diese Aussage widerspricht im Übrigen nicht den oben aufgeführten Empfehlungen der OECD: Im Regelunterricht sollten die Schüler/innen nicht nach Leistungsniveau in den Fächern separiert werden. Bezogen auf den Sprachstand ermöglicht ein leistungsdifferenziertes Arbeiten jedoch eine zielgerichtete, spracherwerbsrelevante und kontinuierliche Sprachförderung, die auf die sprachlichen Bedürfnisse der Schüler/innen angepasst ist.

Bei der Gruppenzusammenstellung von Seiteneinsteiger/innen können Sie berücksichtigen, ob die Schüler/innen bereits Lese- und Schreibfähigkeiten in der lateinischen Ausgangsschrift im Herkunftsland erworben haben, um ggf. Schrift in der Sprachförderung einsetzen zu können.

Fazit

Alle vorgestellten Organisationsformen der Sprachförderung bieten Vor- und Nachteile. Sie lassen sich je nach Rahmenbedingungen der Schule und Flexibilität der Lehrkräfte mal besser und mal schlechter in den schulischen Alltag integrieren.

Sprachförderung in Kleingruppen bietet mehr Raum für Interaktionen der einzelnen Schüler/innen und der sprachliche Input kann meist besser aufgenommen werden, weil er schlicht besser gehört wird als in großen Gruppen. Schüchterne Schüler/innen trauen sich in kleineren Gruppen eher, sich sprachlich zu beteiligen, wovon ihre Sprachentwicklung profitiert.

Für die Lehrkraft ist die Umsetzung von Sprachförderung in leistungshomogenen Sprachfördergruppen leichter als in leistungsheterogenen Gruppen, da der Fokus der Sprachförderung für alle Schüler/innen in etwa gleich ist.

Sprachförderung in Kleingruppen ist jedoch ressourcenintensiv: Für die Realisierung werden zusätzliche Deputatsstunden und Lehrkräfte benötigt. Je nach Unterrichtsalltag bedarf es für die Umsetzung von Sprachförderung in Kleingruppen auch zusätzlicher Räume.

Sprachförderung in Kleingruppen bedeutet für die Schüler/innen zusätzlichen Unterricht, wenn die Kleingruppen vor oder nach dem Regelunterricht additiv stattfinden. Findet die Sprachförderung in Kleingruppen parallel zum Regelunterricht statt, verpassen die Schüler/innen stundenweise Inhalte des Regelunterrichts.

Im Prinzip kann aber jede Regelunterrichtsstunde sprachförderlich gestaltet werden, d. h. themenunabhängig kann im Regelunterricht zu fast jedem Zeitpunkt Sprachförderung stattfinden – mehr dazu lesen Sie in Kapitel 4 (»Inhaltliche Ausgestaltung der Sprachförderung«). Von dieser Sprachförderung profitieren alle Schüler/innen einer Klasse. Aufgrund der Klassengrößen und der in der Regel sprachlich sehr heterogenen Klassen kann diese Sprachförderung nicht spezifisch und auf die Bedürfnisse der Schüler/innen angepasst erfolgen, sondern muss eher beiläufig in den Unterricht integriert werden. Die sprachförderliche Gestaltung des Regelunterrichts ist eine notwendige Unterstützung von Schüler/innen mit Sprachförderbedarf und sollte gerade an Schulen mit einem hohen Anteil an Schüler/innen mit Sprachförderbedarf als Unterrichtsprinzip in jeder Stunde verankert sein. Dies ersetzt aber keine spezifische und individuell an den Sprachstand angepasste Sprachförderung in Kleingruppen, die vor allem Schüler/innen mit (sehr) hohem Sprachförderbedarf benötigen.

Teamteaching ist eine effektive Alternative zur Sprachförderung in Kleingruppen. Durch Teamteaching kann eine größere Anzahl an Schüler/innen gefördert werden. Gleichzeitig umgeht man durch Teamteaching, dass die Schüler/innen zu viele Inhalte des Regelunterrichts versäumen, weil die Unterrichtsinhalte parallel sprachförderlich unterrichtet werden. Für die Umsetzung von Teamteaching brauchen Sie ebenfalls zusätzliche Ressourcen in Form von Deputatsstunden. Darüber hinaus muss gemeinsame Planungs- und Vorbereitungszeit für die Team-Lehrer/innen ermöglicht werden, denn gemeinsame Vorbereitung ist für ein effektives und gelungenes Teamteaching unabdingbar. Wenn nur eine Lehrerin oder ein Lehrer jeweils die Teamteachingstunde plant und die Unterrichtsinhalte zwischen Tür und Angel an die Teamlehrkraft übergibt, kann sich die Teamlehrkraft nicht im Vorfeld auf die Unterrichtsstunde einstellen und auch nicht planen, inwieweit die Schüler/innen mit Sprachförderbedarf spezifisch unterstützt werden können. Außerdem – so berichten Lehrkräfte aus der Praxis – besteht die Gefahr, dass die Teamlehrkraft sich zur Hilfslehrkraft oder zur Praktikantin/zum Praktikanten degradiert fühlt. An Schulen, die wöchentliche Präsenztage eingeführt haben, ist eine gemeinsame Unterrichtsvorbereitung erfahrungsgemäß einfacher umzusetzen als an Schulen ohne Präsenztage.

Die Erfahrungen mit den unterschiedlichen Vorgehensweisen bei der Integration von Seiteneinsteiger/innen in das deutsche Schulsystem sind zum jetzigen Zeitpunkt noch zu gering, als dass man eine klare Empfehlung für ein bestimmtes Vorgehen aussprechen könnte.

Best-Practice-Modelle aus verschiedenen Bundesländern lassen aber die Vermutung zu, dass im Altersbereich der Grundschüler/innen eine Mischform, also eine teilweise Integration in die Regelklasse kombiniert mit täglicher additiver Sprachförderung, besonders effizient ist (OECD 2015).

Der Bedarf einer Grundschule an Sprachförderung in den einzelnen Klassenstufen bildet die Basis für die Verteilung von Ressourcen für die Sprachförderung. Es ist nicht zwingend effizient, alle Klassenstufen mit der gleichen Anzahl an zusätzlichen Deputatsstunden für die Sprachförderung auszustatten.

Erfahrungsgemäß ist der Bedarf in den ersten und zweiten Klassenstufen höher als in den Stufen 3 und 4, weil die Erst- und Zweitklässler in der Regel kürzere Kontaktzeiten zur deutschen Sprache aufweisen als die Dritt- und Viertklässler.

Allerdings ist es nicht sinnvoll, hier pauschale Aussagen zu treffen – der Bedarf kann sich von Schuljahr zu Schuljahr ändern.

Zum Ende eines jeden Schuljahres lässt sich der Bedarf in den zukünftigen zweiten, dritten und vierte Klassen grob schätzen. Für die Einschätzung des Bedarfs bei den kommenden Schulanfängern können Sie die Kindergärten aus dem Einzugsgebiet der Schule zu Rate ziehen.

Je nach Einzugsgebiet muss man außerdem mit einer gewissen Anzahl an Seiteneinsteiger/innen rechnen, die im Laufe eines Schuljahres aufgenommen werden. Oft ist zu Schuljahresbeginn noch nicht absehbar, wie viele Seiteneinsteiger/innen zu welchen Zeitpunkten und in welchem Altersbereich eingeschult werden. Daher ist es ratsam, ein möglichst flexibles Modell für die Sprachförderung von Seiteneinsteiger/innen zu entwickeln. Gegebenenfalls können Sie auf Erfahrungswerte aus den vergangenen Schuljahren zurückgreifen und auch eventuelle Strukturänderungen im Stadtteil (z.B. Einrichtung eines Flüchtlingsheimes) berücksichtigen, um die benötigten Ressourcen einzuschätzen.

Bei der Organisation der Ressourcen sollten Sie darauf achten, dass sich die Sprachfördergruppen in erster Linie für die Schüler/innen, aber auch für alle Lehrkräfte eines Kollegiums sinnvoll und praktikabel in den Unterrichtsalltag einfügen. Vor der Entscheidung für eine spezifische Organisationsform sollte im Gesamtkollegium festgelegt werden, welche Priorität Sprachförderung im Schulalltag auch in Bezug auf andere Unterstützungsmaßnahmen (Matheförderung, Leseförderung etc.) hat.

Für die Auswahl und Einteilung der Kinder in bestimmte Gruppen ist – wie bereits mehrfach erwähnt – die Einschätzung des Sprachstands wichtigste Voraussetzung. Daher möchten wir im nächsten Abschnitt zentrale Punkte zum Thema Sprachstandserhebung nennen.

Am Ende dieses Kapitels finden Sie eine Checkliste zu den unterschiedlichen Organisationsformen von Sprachförderung mit allen Argumenten, die für bzw. gegen eine spezifische Organisationsform sprechen können. Diese Checkliste kann Ihnen dabei helfen, die für Ihre Schülerschaft und Ihren Schulalltag passende Organisationsform auszuwählen.

Organisationsformen von Sprachförderung – PRO und KONTRA

Sprachförderung in (leistungshomogenen) Kleingruppen

PRO:
- gute Vorbereitungsmöglichkeiten seitens der Lehrkraft (v. a. bei leistungshomogenen Gruppen)
- sprachlicher Input kann von den Schüler/innen meist besser aufgenommen werden
- mehr Platz für Interaktion der einzelnen Schüler/innen
- angenehmere Lernatmosphäre für schüchterne Schüler/innen

KONTRA:
- es werden zusätzliche Deputatsstunden bzw. Lehrkräfte benötigt
- es werden (evtl.) zusätzliche Räumlichkeiten benötigt
- Schüler/innen müssen u. U. aus dem Regelunterricht herausgenommen werden
- Schüler/innen haben u. U. zusätzlichen Unterricht

Sprachförderung im Regelunterricht

PRO:
- alle Schüler/innen profitieren von der Förderung
- es findet kein zusätzlicher Unterricht statt
- Kinder verpassen den Regelunterricht nicht

KONTRA:
- die Sprachförderung kann aufgrund von Klassengröße und Heterogenität nicht individuell auf die Bedürfnisse aller Schüler/innen angepasst werden

Teamteaching

PRO:
- eine größere Anzahl an Schüler/innen kann individuell gefördert werden
- Schüler/innen verpassen den Regelunterricht nicht

KONTRA:
- es werden zusätzliche Deputatsstunden bzw. Lehrkräfte benötigt
- es werden (evtl.) zusätzliche Räumlichkeiten benötigt
- es erfordert zusätzliche Zeit für konkrete Absprachen zwischen den Lehrkräften

3.2 Sprachstandseinschätzung

Systematische und effektive Sprachförderung kann nur gelingen, wenn Sprachförderung auf den Sprachstand der Schüler/innen abgestimmt ist. Die Einschätzung des Sprachstandes bildet die Basis für die grundsätzliche Entscheidung, ob eine Schülerin oder ein Schüler Unterstützung beim Erwerb des Deutschen benötigt. Auch für die Einteilung von Sprachfördergruppen ist eine möglichst genaue Kenntnis des Sprachstandes erforderlich (s. vorangegangener Abschnitt), damit die Förderung gezielt an einzelnen sprachlichen Bereichen ansetzen kann. Darüber hinaus werden die sprachlichen Lernfortschritte der Schüler/innen durch regelmäßige Sprachstandseinschätzungen transparent gemacht. Dadurch können Sie auch die Effektivität der eingesetzten Methoden und der inhaltlichen Ausgestaltung der Sprachförderung überprüfen.

Durch die Kommunikation mit den Schüler/innen im Schulalltag erhalten Sie erste Hinweise, ob Schüler/innen Sprachförderbedarf aufweisen. Es lohnt sich allerdings, genauer hinzuhören und eine detailliertere Einschätzung vorzunehmen: Studien haben gezeigt, dass Sprachstandseinschätzungen von Lehrer/innen auf der Basis subjektiver Beobachtung in hohem Maße von deren Einschätzungskompetenz abhängen und daher stark variieren können (Südkamp et al. 2012). Zwar werden Schüler/innen ohne Sprachförderbedarf grundsätzlich zuverlässig erkannt – bei Schüler/innen, die eigentlich zusätzliche Unterstützung bräuchten, bleibt der Sprachförderbedarf aber häufig unentdeckt (Hoffmann/Böhme 2017).

Der Sprachstand als Ausgangspunkt und Reflexionsinstrument für Sprachfördermaßnahmen

Der Sprachstand von Schüler/innen, die an Sprachfördermaßnahmen teilnehmen, wird bestenfalls zu mehreren Zeitpunkten im Laufe eines Schuljahres überprüfen. Die Zusammenstellung der Sprachfördergruppen sollte ebenfalls abhängig von den Ergebnissen der Sprachstandseinschätzung regelmäßig reflektiert werden. Das Tempo beim (Zweit-) Spracherwerb ist bei den Schüler/innen individuell verschieden, so dass Änderungen in der Gruppenzusammenstellung zu erwarten sind. Beziehen Sie auch Schüler/innen aus Regelklassen, die z. B. im ersten Schuljahr keine Sprachfördergruppe besucht haben, aber in ihrer sprachlichen Entwicklung langsamer voranschreiten als zunächst angenommen, in die Sprachstandserhebung ein.

Auf dem Markt gibt es vielfältige Verfahren zur Sprachstandseinschätzung. Dementsprechend ist auch die Bandbreite an Verfahren, die in Grundschulen bundesweit durchgeführt werden, sehr groß (Hoffmann et al., im Druck). Wir beschreiben an dieser Stelle einige Verfahren, die im Grundschulbereich eingesetzt werden können.

Screenings [z. B. Heidelberger Auditives Screening in der Einschulungsuntersuchung – HASE (Schöler/Brunner 2008), Screening der kindlichen Sprachentwicklung – SCREENIKS (Wagner 2014)] erfassen in der Regel ein relativ breites Spektrum sprachlicher Leistungen. Bei der Durchführung eines Screenings erhalten Kinder verschiedene sprachliche Aufgaben, wie z. B. das Nachsprechen von Kunstwörtern oder die Zuordnung von Wortfamilien.

Ein Beispiel: HASE-Screening

Das HASE-Screening setzt sich beispielsweise aus den Bereichen »Nachsprechen von Sätzen«, »Wiedergeben von Zahlenfolgen«, »Erkennen von Wortfamilien« und »Nachsprechen von Kunstwörtern sowie eines Zauberwortes« zusammen.

Eine Beispielaufgabe aus dem Bereich »Nachsprechen von Sätzen« (Schöler/Brunner 2008):
Das Kind erhält zunächst eine kurze Einführung in die Aufgabe: »Jetzt hörst du gleich etwas, was du wiederholen sollst. Es sind kurze Geschichten. Hör bitte genau zu und sprich die Geschichte dann genauso nach, wie du sie gehört hast. Pass gut auf: Der Ball rollt. Jetzt du.«
Wenn das Kind die Aufgabenstellung verstanden hat, wird mit der eigentlichen Aufgabe begonnen. Unter anderem werden folgende Sätze nachgesprochen (Schöler/Brunner 2008, S. 21):

»Tina singt.«
»Peter rennt.«
»Das Hemd wird gebügelt.«
»Unter der Dusche singt Lisa ein Lied.«
»Marco schenkt seinem Freund ein Buch.«
»Der rote Stift liegt auf dem Sessel neben dem Heft.«
Mit Hilfe dieser Aufgabe kann z. B. überprüft werden, ob das Kind in der Lage ist, Kongruenz (Übereinstimmung von z. B. Verb und Nomen oder Nomen und Adjektiv) auszudrücken.

Die Screening-Ergebnisse der Schüler/innen können mit klar festgelegten Leistungsgrenzen abgeglichen werden. Daher sind die Erkenntnisse eines Screenings hilfreich, um Förderbedarf im Allgemeinen festzustellen, wie dies häufig vor der Einschulung vorgenommen wird. Um konkrete Förderempfehlungen abzuleiten, sind die Ergebnisse aber meist nicht detailliert genug.

Umfangreiche **Sprachstandstests** ergeben ein detaillierteres Bild vom Sprachstand der Schüler/innen. Für Grundschüler stehen z. B. die folgenden Instrumente zur Verfügung: Linguistische Sprachstandserhebung Deutsch als Zweitsprache – LiSe-DaZ® (Schulz/Tracy 2011), Sprachstandserhebungstest für Kinder im Alter zwischen 5 und 10 Jahren – SET 5-10 (Petermann 2012), Sprachstandsüberprüfung und Förderdiagnostik (SFD) – Testmaterialien für Kinder mit Sprachauffälligkeiten in Deutsch als Erst- und Zweitsprache 1.–4. Klasse (Hobusch et al. 2016). Sie ermöglichen einen Vergleich mit Normwerten von Schüler/innen im gleichen Alter und/oder mit der gleichen Kontaktdauer zur deutschen Sprache. In Sprachstandstests wird die Sprachkompetenz in verschiedenen sprachlichen Bereichen durch kindgerechte Testaufgaben überprüft. Die Gestalt der Testaufgaben ist abhängig davon, welcher sprachliche Bereich im Fokus des jeweiligen Tests steht. Zum Beispiel werden spezifische Fragen zu einer Bildergeschichte gestellt, um Nebensätze zu elizitieren, und/oder Kinder haben die Aufgabe, die Mehrzahlform von Fantasiewörtern zu bilden. Sprachstandstests sind häufig zeitintensiv und müssen meist individuell mit jedem/r Schüler/in durchgeführt werden.

Ein Beispiel: Sprachstandstest LiSe-DaZ®

Der Sprachstandstest LiSe-DaZ® testet sprachliche Kompetenzen in den Bereichen Sprachverständnis und Sprachproduktion und setzt sich aus sieben Untertests zusammen: »Verstehen der Verbbedeutung«, »Verstehen von W-Fragen«, »Verstehen von Negation«, »Satzklammer«, »Subjekt-Verb-Kongruenz«, »Wortklassen«, »Kasus« (Schulz/Tracy 2011).
Eine Beispielaufgabe aus dem Untertest zeigt die Vorgehensweise bei der Testung:

Das zu testende Kind betrachtet nacheinander verschiedene Bilder, auf denen unterschiedliche Ereignisse kindgerecht dargestellt sind. Zunächst wird das Kind durch eine Testaufgabe mit der Vorgehensweise vertraut gemacht. Zu jedem Bild wird ein kurzer Einführungstext vorgelesen. Anschließend wird eine zum Bild passende Frage gestellt.
Beispiel: Auf einem Bild ist eine Mülltonne dargestellt. In der Mülltonne ist ein Hund gefangen. Ein Junge versucht dem Hund zu helfen, indem er die Mülltonne vorsichtig umkippt.
Einleitungstext und Frage: »Ibo hilft dem Hund aus der Tonne. Er ist eingesperrt und kann nicht alleine raus. Wem hilft Ibo aus der Tonne?«
Mit dem Untertest kann überprüft werden, ob das Kind die jeweilige W-Frage versteht und von Ja/Nein-Fragen unterscheiden kann. Da es in diesem Untertest um das Sprachverständnis geht, ist es nicht relevant, ob das Kind die Frage in einem vollständigen Satz beantwortet. Richtige Antworten wären *dem Hund, Hund, dem* sowie eine Zeigegeste auf den Hund (Schulz/Tracy 2011, Manual S. 52).

Des Weiteren existieren **Beobachtungsverfahren,** z. B. Sprachentwicklung und Literacy bei Kindern im Schulalter – selsa (Mayr et al. 2012) oder Hamburger Verfahren zur Analyse des Sprachstands Fünfjähriger – HAVAS 5 (Reich/Roth 2004). Für deren Einsatz muss zunächst die Möglichkeit zur Beobachtung gewährleistet sein. Im Idealfall können Sie die Schüler/innen während der Interaktion mit anderen über einen längeren Zeitraum hinweg beobachten, ohne selbst in die Situation involviert zu sein. Beobachtungsverfahren enthalten in der Regel Fragen zum Sprachverhalten des Kindes, wie zum Beispiel »kann Zusammenhänge gut erklären – mühelos/mit etwas Mühe/mit großer Mühe/gar nicht« [Mayr et al. 2012, S. 3 (Beobachtungsbogen)]. Die Auslegung von Beobachtungskriterien ist immer anfällig für subjektive Wahrnehmungen, daher sind Absprachen zwischen Lehrkräften hier besonders wichtig.

Eine weitere Möglichkeit, den Sprachstand der Schüler/innen zu erfassen, ergibt sich aus der Analyse von **Spontansprachdaten**: In Alltagssituationen (z. B. im Erzählkreis oder in Unterrichtsgesprächen) werden Äußerungen der Schüler/innen festgehalten (z. B. mit Hilfe eines Diktiergeräts) und zu einem späteren Zeitpunkt ausgewertet. Die Lehrkraft benötigt für die Auswertung einen Gesamtüberblick der sprachlichen Entwicklungsschritte, die ein Kind beim (Zweit-)Spracherwerb durchläuft. So kann sie auf unterschiedlichen sprachlichen Ebenen festhalten, bei welchem Entwicklungsschritt sich das Kind zum Zeitpunkt der Datenerhebung befindet. Die Erhebung von Spontansprachdaten ist sehr zeiteffizient und lässt sich problemlos in den regulären Unterrichtsalltag integrieren. Allerdings erfordert die Auswertung solide theoretische Kenntnisse zum Spracherwerb, einen geschulten Blick auf die verschiedenen sprachlichen Bereiche und auch etwas Übung.

Aufgrund der beschrieben Vielfalt der Erhebungsmethoden möchten wir an dieser Stelle keine Empfehlung für ein spezifisches Verfahren aussprechen, aber grundsätzlich anmerken, dass an die Implementierung von Sprachfördermaßnahmen auch eine verbindliche Vorgehensweise zur regelmäßigen Einschätzung des Sprachstandes durch die Lehrer/innen gekoppelt sein sollte. Bei der Entwicklung einer geeigneten und auf den Unterrichtsalltag der Schule abgestimmten Vorgehensweise zur Sprachstandserhebung können folgende Leitfragen helfen:

- Wer führt das Verfahren durch (z. B. Klassenlehrer/in, erfahrene Sprachförderlehrkraft o. ä.)?
- Wie viele Schüler/innen werden insgesamt getestet?
- Welche zeitlichen Ressourcen stehen für die Durchführung der Sprachstandseinschätzung zur Verfügung?
- Welche Ergebnisse soll das Verfahren liefern (grobe Einschätzung des Förderbedarfs oder detaillierte Auskünfte über den Sprachstand)?
- Welche Erkenntnisse sollen aus den Ergebnissen für die Sprachförderung gewonnen werden?

Vielleicht ist an Ihrer Schule eine Lehrkraft bereits mit der Anwendung und Auswertung eines standardisierten Testverfahrens vertraut und kann für die Durchführung freigestellt werden? Diese Expertise sollte nicht ungenutzt bleiben, denn mit solchen Verfahren erhalten Sie besonders detaillierte Informationen zum Sprachstand der Schüler/innen.

Oder es ist für Ihre Schule relevanter, eine möglichst große Anzahl an Schüler/innen in einem möglichst kurzen Zeitraum als Basis für die Einteilung der Sprachfördergruppen einzuschätzen? In diesem Fall ist eine eher weniger detaillierte Einschätzung mit Hilfe von Spontansprachdaten ratsam. Um zeitliche Ressourcen zu sparen, können an der Datenerhebung z. B. alle Klassenlehrer/innen beteiligt werden und im Regelunterricht Daten von den zu testenden Schüler/innen sammeln. Die Auswertung kann von erfahrenen Lehrer/innen übernommen werden.

Unabhängig davon, welche Methode zur Sprachstandserhebung ausgewählt wird, empfiehlt es sich, die Datengewinnung und – je nach im Kollegium vorhandener Expertise im Bereich Sprachstandseinschätzung – die Auswertung der Daten auf mehrere Schultern zu verteilen. Die Klassenlehrer/innen verbringen in der Regel am meisten Zeit mit den Schüler/innen aus ihren Klassen und erleben sie in unterschiedlichen Lernsituationen. Denkbar ist, dass jeweils die Klassenlehrer/innen eine grobe Einschätzung auf der Basis subjektiver Beobachtungen im Unterricht vornehmen und aus ihren Klassen Schüler/innen benennen, die Sprachförderbedarf haben. Die Sprachförder-Lehrkräfte können in einem nächsten Schritt mit Hilfe eines spezifischen Verfahrens den konkreten Förderbedarf ermitteln.

Sprachstandseinschätzung zum Schuljahresende

Nehmen Sie die Sprachstandseinschätzung der Erst- Zweit- und Drittklässler jeweils zum Schuljahresende vor, so dass zu Beginn des folgenden Schuljahres bereits feststeht, welche Schüler/innen an welcher Sprachfördergruppe teilnehmen. Die Einschätzung des Sprachstandes der jeweils neuen Erstklässler/innen kann natürlich erst am Anfang eines jeden Schuljahres erfolgen. Da die meisten Kindertagesstätten ebenfalls in regelmäßigen Abständen Sprachstandserhebungen durchführen, bietet es sich an, die Ergebnisse und Beobachtungen der Erzieher/innen einzuholen, um eine Vorauswahl an Schüler/innen mit Sprachförderbedarf zu treffen.

Weiterführende Literatur

Weiterführende detaillierte Informationen zu verschiedenen Methoden der Sprachstandseinschätzung finden Sie z. B. hier:

Kany, W./Schöler, H. (2010): Fokus: Sprachdiagnostik. Leitfaden zur Sprachstandsbestimmung im Kindergarten. 2., erweitere Auflage. Berlin/Düsseldorf: Cornelsen Scriptor. Dieser Leitfaden fokussiert zwar den Elementarbereich, ist aber auch für den Primarbereich gut anwendbar.

Eine Übersicht geeigneter Einschätzungsverfahren für unterschiedliche Bildungsetappen stellt z. B. die Webseite des Projektes »BISS – Bildung durch Sprache und Schrift« zur Verfügung: http://www.biss-sprachbildung.de.

3.3 Organisation der Sprachförderung an der Löwenzahn-Grundschule

Nachdem wir Ihnen im vorangegangenen Kapitel verschiedene Ideen zur Organisation von Sprachförderung aufgezeigt haben, wollen wir uns nun wieder der Löwenzahn-Schule zuwenden. Zum Abschluss der Bestandsaufnahme (vgl. Kapitel 2.4 »Abschließende Schlussfolgerungen aus der Bestandsaufnahme«) hatte das Kollegium der Löwenzahn-Schule einen Studientag beschlossen, an dem das Sprachförderkonzept der Schule auf Basis der Ergebnisse der Bestandsaufnahme grundlegend überarbeitet wird.

Wir unternehmen nun gemeinsam einen Zeitsprung zu diesem Studientag der Löwenzahn-Schule, der einige Wochen nach der Bestandsaufnahme stattfindet.

Innerhalb des Kollegiums werden am Anfang des Studientages Arbeitsgruppen gebildet. Jede Arbeitsgruppe widmet sich Problembereichen der Sprachförderung, die bei der Bestandsaufnahme identifiziert wurden. Teilweise wurden mehrere Problembereiche zusammengefasst, wenn sie inhaltlich eng zusammenhängen. Dadurch ergeben sich folgende Stationen:

- **Station 1:** Für die Klassenstufen 2 bis 4 sowie für die Seiteneinsteiger/innen bleiben zu wenige Ressourcen übrig, um kontinuierliche Sprachförderung anbieten zu können. Die Sprachfördergruppen sind zu heterogen (bezogen auf den Sprachstand der teilnehmenden Schüler/innen).
- **Station 2:** Die Sprachförderung findet häufig nicht kontinuierlich statt (z. B. bei allgemeinen personellen Engpässen im Kollegium).
- **Station 3:** Die Sprachförderung startet zu spät im Schuljahr, weil zu viel Zeit für Organisation und Gruppeneinteilung aufgewendet werden muss.
- **Station 4:** Sprachförderung und Regelunterricht sind nicht effektiv miteinander vernetzt. Der Regelunterricht wird durch die Herausnahme von Schüler/innen für die Sprachförderung gestört.

Das Kollegium wird zunächst per Losverfahren in vier gleich große Arbeitsgruppen eingeteilt. Ziel ist es, unterschiedliche Umsetzungsideen und Lösungsvarianten für die Problembereiche zu entwickeln. Damit alle Kolleginnen und Kollegen über alle Problembereiche diskutieren können, wechseln die Arbeitsgruppen nach ca. 30 Minuten die Station.

Für diese Stationenarbeit ist der gesamte Vormittag des Studientages eingeplant. Im Anschluss und nach einer Stärkung in der Mittagspause präsentieren die vier Arbeitsgruppen ihre Umsetzungsideen und Lösungsvarianten. Im Gesamtkollegium wird dann diskutiert und festgelegt, welche Ideen das Kollegium der Löwenzahn-Schule zukünftig umsetzen möchte.

Wir präsentieren Ihnen an dieser Stelle das Endergebnis des Studientages und zeigen, welche Organisationsformen von Sprachförderung das Kollegium der Löwenzahn-Grundschule im kommenden Schuljahr erproben möchte. Dabei beziehen wir uns jeweils auf die Problembereiche der einzelnen Stationen.

Ergebnisse Station 1: Vollständige Neuverteilung der Sprachförderstunden

Die insgesamt 20 Stunden für Sprachförderung, die der Löwenzahn-Schule in der Regel zur Verfügung stehen, werden vollständig neu verteilt. Nach wie vor sollen in den niedrigen Klassenstufen Kleingruppen realisiert werden, was sich in der Vergangenheit als effektiv erwiesen hat. In den Klassenstufen 3 und 4 werden die Ressourcen zukünftig ebenfalls verbindlich für die Sprachförderung eingeteilt. Darüber hinaus werden Ressourcen für die Förderung der Seiteneinsteiger/innen reserviert.

Doch wie können diese Ziele ohne zusätzliche Ressourcen erreicht werden? Die Problematik der heterogenen Fördergruppen liefert die Lösung für dieses Problem: Indem die Deputatsstunden stufenübergreifend eingesetzt werden, können leistungshomogene Sprachfördergruppen gebildet werden. Dadurch werden die Ressourcen zielgerichteter verteilt und können effizienter eingesetzt werden. Im Folgenden ist aufgeführt, was dies für die Sprachförderung an der Löwenzahn-Schule konkret bedeutet.

Seiteneinsteiger/innen

Für die Seiteneinsteiger/innen aller Klassenstufen wird eine Sprachfördergruppe gebildet. Insgesamt fünf Deputatsstunden pro Woche plant die Schule dafür ein. Die Sprachförderung findet täglich in der dritten Schulstunde nach der großen Pause statt.

Wie auch in den vergangenen Schuljahren ist damit zu rechnen, dass einige Wochen oder Monate nach Beginn des neuen Schuljahres weitere neue Seiteneinsteiger/innen an der Schule aufgenommen werden, die wenige Tage zuvor erst in Deutschland angekommen sind und keine Deutschkenntnisse mitbringen. Je nachdem wie viel zeitlichen Vorsprung die Seiteneinsteiger/innen, die seit Beginn des Schuljahres an der Sprachförderung teilnehmen, aufweisen, werden sie bereits mehr oder weniger große sprachliche Lernfortschritte gemacht haben, während die neu eingeschulten Seiteneinsteiger/innen gerade erst mit dem Erwerb des Deutschen beginnen. Wenn dieser Fall eintritt, ist eine Umschichtung der Ressourcen vorgesehen: Die neu angekommenen Seiteneinsteiger/innen werden täglich eine Stunde zusätzlich gefördert. Die bereits fortgeschrittenen Seiteneinsteiger/innen nehmen jeweils nur an drei von fünf Tagen an der Sprachförderung teil. So kann die Förderung für beide Gruppen bestehen bleiben, ohne dass die Ressourcen erhöht wurden.

Falls zu Schuljahresbeginn noch keine Seiteneinsteiger/innen in den Klassen sind, können die Ressourcen zur Aufstockung der Sprachfördergruppen für Klasse 1/2 verwendet werden. Allerdings müssen die Stundenpläne der betreffenden Lehrkräfte so abgestimmt sein, dass flexibel reagiert werden kann, wenn im Lauf des Schuljahres Seiteneinsteiger/innen in der Schule aufgenommen werden.

Sprachförderung Klasse 1 und 2

Für die Klassenstufen 1 und 2 bildet das Kollegium stufenübergreifende Gruppen orientiert am Sprachstand der Schüler/innen. Aufgrund der hohen Anzahl an Schüler/innen mit großem Sprachförderbedarf in den ersten beiden Klassenstufen hat sich das Kollegium dafür entschieden, insgesamt drei Gruppen einzurichten – zwei Gruppen auf Niveau 1 (1a/1b) für Schüler/innen mit hohem Sprachförderbedarf und eine Gruppe auf Niveau 2 für Schüler/innen mit mittlerem Sprachförderbedarf (Abbildung 4).

Jede Gruppe wird mit einem Umfang von zwei Stunden pro Woche gefördert. Die stufenübergreifende Herangehensweise bedeutet natürlich, dass die Schüler/innen für die Sprachförderung aus dem Regelunterricht herausgenommen werden müssen. Daher verständigt sich das Kollegium darauf, diese Organisation nicht für die Klassenstufen 3 und 4 einsetzen zu wollen.

<u>Stufenübergreifende Sprachförderung Klasse 1 und 2 – insg. 6 Stunden</u>

- Niveau 1a – 2 Stunden/Woche, im Förderband, unterrichtet durch eine Lehrkraft
- Niveau 1b – 2 Stunden/Woche, im Förderband, unterrichtet durch eine Lehrkraft
- Niveau 2 – 2 Stunden/Woche, im Förderband, unterrichtet durch eine Lehrkraft

Abbildung 4: Die Organisation von Sprachförderung Klasse 1 und 2 auf einen Blick

Unter den neuen Erstklässlern werden sich auch Amina, Murat und Sina befinden, die wir Ihnen in Kapitel 1.1 (»Drei Fallbeispiele zum Spracherwerb: Das Kinderhaus Pusteblume«) vorgestellt haben. Erwartungsgemäß wird Amina keine spezifische

Sprachförderung benötigen. Ob Sina und Murat einer der Sprachfördergruppen zugeordnet werden, wird die Sprachstandseinschätzung nach der Einschulung der Kinder ergeben.

Sprachförderung Klasse 3 und 4

Die Erfahrungen aus den vergangenen Schuljahren haben gezeigt, dass sich der Sprachförderbedarf bei den Schüler/innen in Klassenstufe 3 und 4 in der Regel verlagert. Einige Schüler/innen, die seit der ersten Klasse die Löwenzahn-Schule und dort auch Sprachfördermaßnahmen besuchen, haben bis zum Eintritt in die dritte Klasse ihre alltagssprachlichen Kompetenzen ausgebaut. Jedoch besteht besonders im bildungssprachlichen Bereich nach wie vor Förderbedarf (vgl. Kapitel 1.4 »Sprachliche Anforderungen der Grundschule: Alltagssprache und Bildungssprache«). Damit diese Schüler/innen nicht für die Sprachförderung aus dem Regelunterricht herausgenommen werden müssen, hat sich das Kollegium dafür entschieden, die für die Sprachförderung zur Verfügung stehenden Deputatsstunden für Teamteaching-Maßnahmen zu nutzen. Allen dritten Klassen wird in je zwei Stunden pro Woche eine Lehrkraft für Sprachförderung zugeordnet. Alle vierten Klassen erhalten eine Teamteaching-Stunde pro Woche.

Für jede Klasse wird eine feste Gruppe an Schüler/innen mit Sprachförderbedarf definiert. Die Sprachförderlehrkraft kann während der Teamteaching-Stunden entweder mit in der Klasse bleiben und diese Schüler/innen spezifisch im Unterricht unterstützen. Alternativ kann die Sprachförderlehrkraft mit dieser Gruppe einen separaten Raum aufsuchen. Dann wird der Unterrichtsstoff der Regelklasse sprachförderlich aufbereitet für die kleinere Gruppe unterrichtet.

Ein Beispiel: In der Teamteaching-Stunde der Klasse 4a findet in der Regel Mathematikunterricht statt. Durch die Doppelbesetzung wird es möglich, die Klasse für die Unterrichtsstunde zu teilen, so dass die sprachlich fortgeschrittenen Schüler/innen bei der Klassenlehrerin im Klassenraum bleiben. Die Sprachförderlehrkraft wechselt mit ihrer Gruppe von sprachlich schwächeren Schüler/innen in einen Nebenraum. Beide Lehrer/innen üben zeitgleich Textaufgaben mit den Schüler/innen. Während die Klassenlehrerin die Aufgaben aus dem Schulbuch übernimmt, hat die Sprachförderlehrkraft die gleichen Aufgaben auf den Sprachstand der Schüler/innen angepasst und sich darauf vorbereitet, unbekannte Wörter einzuführen und manche Aufgaben sprachlich vereinfacht anzubieten.

Vermutlich wird die Gruppe der sprachlich schwächeren Schüler/innen in dieser Mathematikstunde weniger Textaufgaben lösen als die sprachlich fortgeschrittene Gruppe. Von dieser Form des leistungsdifferenzierten Unterrichtens profitieren aber beide Gruppen gleichermaßen: Nicht nur die schwächeren, sondern auch die sprachlich weiter entwickelten Schüler/innen werden spezifisch gefördert. Durch die Klassenteilung findet der Unterricht in kleineren Gruppen statt, so dass beide Lehrkräfte mehr Kapazitäten haben, individuell auf die Schüler/innen einzugehen. Es bleibt mehr Zeit, um alle Schüler/innen zu Wort kommen zu lassen. Weitere Optionen zur inhaltlichen Ausgestaltung von Teamteaching-Modellen stellen wir Ihnen in Kapitel 4.4 [»Beispiele für Sprachförderung im Regelunterricht und in der Kleingruppe (Best Practice)«] vor.

Die/der Klassenlehrer/in entscheiden bei der gemeinsamen Unterrichtsvorbereitung jeweils, welche Variante umgesetzt wird. Die Teamteaching-Stunden werden jeweils in der Vorwoche im Rahmen des Präsenztages an der Schule gemeinsam geplant.

Die neue Organisation der Sprachförderung an der Löwenzahn-Schule auf einen Blick

Auf Wunsch der Klassenlehrer/innen wurde die Sprachförderung für alle Klassen nicht in die erste Stunde gelegt. So kann die Regelklasse jeweils gemeinsam in den Schultag starten. Die Sprachförderstunden finden in einem Förderband für jede Gruppe jeweils in der gleichen Schulstunde statt. Dadurch können sich alle Beteiligten gut auf die Sprachförderung einstellen.

Stundenplan Sprachförderung (SF = Sprachförderung)

	Montag	Dienstag	Mittwoch	Donnerstag	Freitag
1. Std.					
2. Std.	Niveau 1(a)/Niveau 1(b)	Niveau 2	Niveau 1(a)/Niveau 1(b)	Niveau 2	
3. Std.	SF Seiteneinsteiger Teamteaching 4a	SF Seiteneinsteiger/ Teamteaching 3c	SF Seiteneinsteiger Teamteaching 4b	SF Seiteneinsteiger Teamteaching 3c	SF Seiteneinsteiger Teamteaching 4c
4. Std.	Teamteaching 3a	Teamteaching 3b	Teamteaching 3a	Teamteaching 3b	
5. Std.					
6. Std.					

Abbildung 5: Neuer Stundenplan für Sprachförderung an der Löwenzahn-Schule

Ergebnisse Station 2: parallele Verteilung der Stunden sorgt für Kontinuität der Sprachförderung

Das Kollegium und die Schulleitung haben es sich zum Ziel gesetzt, die Ausfälle der Sprachförderung zukünftig deutlich zu minimieren. Man hat daher versucht, bei der Stundenplangestaltung eine Regelung zu finden, die gewährleistet, dass die Sprachförderung im Normalfall nicht entfallen bzw. sogar vertreten werden könnte.

Deswegen wurden die beiden Niveau-1-Sprachfördergruppen jeweils parallel gelegt. Falls eine der beiden Sprachförderlehrkräfte z. B. durch Krankheit ausfällt, kann man diese Gruppen zusammenlegen. Die Sprachförderung für Seiteneinsteiger/innen liegt jeweils parallel zu Teamteaching-Stunden, so dass bei personellen Engpässen die Teamteaching-Lehrkräfte die Seiteneinsteiger/innen-Sprachförderung übernehmen könnten.

Insgesamt entscheidet sich das Kollegium dafür, der Sprachförderung eine höhere Priorität einzuräumen, so dass bei der Erstellung von Vertretungsplänen darauf geachtet wird, die Deputatsstunden für Sprachförderung nur im Notfall anzutasten.

Klar ist jedoch, dass sich das in extremen Krankheitsphasen oder bei akuten personellen Engpässen nicht immer realisieren lassen wird.

Ergebnisse Station 3: ein früherer Start der Sprachförderung im Schuljahr durch frühzeitige Planung

Das Kollegium möchte die sprachlich homogene Gruppeneinteilung über alle Schuljahre hinweg umsetzen und beschließt daher, diese regelmäßig zu reflektieren und die Gruppen in jeder Klassenstufe neu zusammenzustellen.

Um den Zeitaufwand der Gruppeneinteilung zu Schuljahresbeginn zu entzerren, nehmen die Lehrkräfte die Einteilung der zukünftigen Zweit- bis Viertklässler bereits kurz vor Beginn der Sommerferien vor. Die in die Sprachförderung involvierten Lehrkräfte können aus den bestehenden Sprachfördergruppen Kinder benennen, die auch im kommenden Schuljahr an der Sprachförderung teilnehmen sollen. Bei Bedarf können aus der Regelklasse zusätzliche Schüler/innen für die Sprachförderung nominiert werden.

Die Teamteaching-Angebote starten ab der ersten Schulwoche, auch die Zweitklässler erhalten dann bereits Sprachförderung. In diese Gruppen werden dann nach ein bis zwei Wochen die Erstklässler integriert.

Die Erstklässler können natürlich erst zu Schuljahresbeginn eingeschätzt und eingeteilt werden. Die für die Kita-Kooperation zuständige Lehrerin wird jedoch versuchen, bereits vor der Einschulung in Gesprächen mit den Erzieher/innen einen groben Überblick zum Sprachförderbedarf der kommenden Erstklässler zu erhalten – wie uns auch bereits Informationen zum Sprachstand von Amina, Murat und Sina vorliegen.

So soll der »Schulanfängertag«, der jedes Schuljahr einige Wochen vor den Sommerferien stattfindet, auch genutzt werden, um erste Informationen zum Sprachstand der Schüler/innen zu gewinnen. An einem Nachmittag besuchen alle zukünftigen Erstklässler die Löwenzahn-Schule. Es werden zahlreiche Spielstationen im Schulgebäude und Schulhof angeboten, die alle Kinder durchlaufen. Zukünftig richtet die Löwenzahn-Grundschule eine Spielstation ein, an der die Kinder eine kurze Bildergeschichte erzählen sollen. Frau Zehnbauer betreut diese Spielstation und macht sich kurze Notizen zu den Kindern – dadurch kann sie eine grobe Voreinschätzung vornehmen. Im neuen Schuljahr wird die Einschätzung dann verfeinert, in dem der Sprachstand der vorausgewählten Erstklässler mit Hilfe von Spontansprachdaten erhoben wird. Ziel ist es, dass spätestens ab der vierten Schulwoche alle Sprachfördergruppen gestartet sind.

Ergebnisse Station 4: Verbindliche Verankerung von Themen des Regelunterrichts in der Sprachförderung.

Das Kollegium hat sich dafür entschieden, dass die Sprachförderung von Schüler/innen der Klassenstufen 1 und 2 parallel zum Regelunterricht stattfindet und die Schüler/innen dazu aus dem Regelunterricht stundenweise herausgeholt werden. Damit die Sprachförderung intensiver mit dem Regelunterricht vernetzt wird, sollen Themen aus dem Regelunterricht verbindlich in der Sprachförderung verankert werden. Konkrete Ideen für diese Vorgehensweise erläutern wir im folgenden Kapitel 4 (»Inhaltliche Ausgestaltung der Sprachförderung«).

Für die Sprachförderung der Seiteneinsteiger/innen wird ein Curriculum von Themenfeldern erstellt, welche für die Bewältigung des (Schul-)Alltages der Kinder besonders relevant sind [vgl. Kapitel 4.4 »Beispiele für Sprachförderung im Regelunterricht und in der Kleingruppe (Best Practice)«]. Da die Seiteneinsteiger/innen keine Deutschkenntnisse mitbringen, wird eine inhaltliche Vernetzung mit Themen des Regelunterrichts in der Seiteneinsteiger/innen-Sprachförderung hintenangestellt.

Für die Klassenstufen 3 und 4 wurde bereits durch die Wahl der Organisationsform »Teamteaching« die größtmögliche inhaltliche Vernetzung hergestellt.

Das Kollegium möchte mindestens einmal im Quartal einen Austausch über die Inhalte der Sprachförderung etablieren. Die Sprachförderlehrkräfte stellen den Klassenlehrer/innen vor, welche sprachlichen Bereiche im zurückliegenden Quartal gefördert und welche inhaltlichen Themen in der Sprachförderung angesprochen wurden.

Fazit

Zum Abschluss des Studientages blickt das Kollegium der Löwenzahn-Schule auf ein positives Ergebnis: Die Organisation der Ressourcen für Sprachförderung wurde vollständig überarbeitet und so aufgestellt, dass die bei der Bestandsaufnahme identifizierten organisatorischen Problembereiche und Herausforderungen zukünftig gelöst werden können. Alle sind sich einig, dass erst die Praxis zeigen wird, wie sich die einzelnen Maßnahmen tatsächlich umsetzen lassen. Daher plant das Gesamtkollegium die Organisation der Sprachförderung im kommenden Schuljahr in regelmäßigen Abständen gemeinsam zu reflektieren.

Doch eine große Baustelle bleibt weiterhin bestehen: Das organisatorische Konzept muss mit »Sprache« gefüllt werden. Und aufgrund der beschränkten Ressourcen sind sich alle Lehrkräfte einig, dass Sprachförderung selbstverständlicher Bestandteil im Regelunterricht und in allen Fächern werden soll.

Daher entscheiden sich alle Lehrkräfte für eine gemeinsame Weiterbildung zum Thema Sprachförderung im Unterrichtsalltag. Herr Häberlein kündigt an, dafür in Abstimmung mit der zuständigen Schulaufsicht einen geeigneten Referenten zu finden.

Hier verlassen wir das Kollegium der Löwenzahn-Schule erneut, um uns nun der inhaltlichen Gestaltung von Sprachförderung zu widmen. Analog zu diesem Kapitel erläutern wir Ihnen zunächst allgemeine Kriterien, um abschließend einen Blick darauf zu werfen, welche inhaltlichen Konsequenzen die Löwenzahn-Schule aus der intensiven Beschäftigung mit dem Thema Sprachförderung gezogen hat.

Checkliste: Welche Organisationsform passt für unsere Schule?

- Ist der Sprachförderbedarf in den Klassen oder Klassenstufen homogen oder heterogen?
  - ☐ **Heterogener Sprachförderbedarf:** eher stufenübergreifende Sprachförderung, um leistungshomogene Gruppen zu erhalten
  - ☐ **Homogener Sprachförderbedarf:** klassenübergreifende Sprachförderung oder klassenspezifische Gruppenbildung möglich
- Wovon profitiert die Schülerschaft am meisten?
  - ☐ **Additive Sprachförderung parallel zum Regelunterricht:** für Seiteneinsteiger/innen oder Schüler/innen mit hohem Sprachförderbedarf, die dem Regelunterricht nicht in ausreichendem Maße folgen können, und/oder wenn die Möglichkeit besteht, Sprachförderung als zusätzlichen Unterricht in Randstunden anzubieten
  - ☐ **Integrative Sprachförderung durch Teamteaching:** für Schüler/innen mit mittlerem Sprachförderbedarf und Schüler/innen höherer Klassenstufen und wenn ausreichend gemeinsame Planungs- und Vorbereitungszeit der Team-Lehrer/innen zur Verfügung steht
- Wie viele Deputatsstunden werden für die jeweiligen Stufen für die Sprachförderung eingeplant?
- Welche zusätzlichen Räume stehen wann für die Sprachförderung zur Verfügung?
- Wie viele Lehrer/innen können Deputatstunden für Sprachförderung übernehmen?
- Wie können die Deputatsstunden für Sprachförderung auf die Wochentage/Schulstunden verteilt werden?
- Wie kann der Stundeplan gestaltet werden, damit die Sprachförderung möglichst kontinuierlich stattfinden kann? (Vertretungsregelung)

4. Inhaltliche Ausgestaltung der Sprachförderung

Grundsätzlich kann man sich jederzeit im Kollegium über eine gemeinsame inhaltliche Vorgehensweise in der Sprachförderung Gedanken machen. Dazu gehört beispielsweise, an der Schule bereits vorhandene Materialien zu sichten, für alle sichtbar und zugänglich zu machen sowie Vernetzungsmöglichkeiten von zusätzlichen Förderangeboten (z. B. in Kleingruppen) mit dem Regelunterricht zu identifizieren.

Die inhaltliche Ausgestaltung der Sprachförderung ist aber in erster Linie davon abhängig, welche konkrete Unterstützung die Schüler/innen, die an der Sprachförderung teilnehmen, benötigen. Daher kann eine detaillierte inhaltliche Planung der Sprachförderung erst dann vorgenommen werden, wenn klar ist, welche Schüler/innen gefördert werden sollen.

Ähnlich wie bei den organisatorischen Aspekten der Sprachförderung können und möchten wir auch bei der inhaltlichen Ausgestaltung der Sprachförderung keine Vorgehensweise als die »ideale« in den Vordergrund stellen. Sprachförderung bedeutet, zunächst einmal »Kindern Möglichkeiten zu eröffnen, um auf Grundlage des sprachlichen Wissens und der sprachlichen Fähigkeiten, die sie in ihrem Spracherwerb bereits erlangt haben, sowie unter Berücksichtigung ihrer kognitiven Entwicklung, ihre Kompetenzen in der Zielsprache weiter auszubauen« (Hopp et al. 2010, S. 611).

Vereinfacht gesagt versucht man in der Sprachförderung, die sprachlichen und nicht sprachlichen Kenntnisse und Fähigkeiten der Kinder aufzugreifen und (v. a. in der Zielsprache) weiterzuentwickeln. Wie dies erfolgreich gelingen soll, wird in zahlreichen Konzepten oder Programmen vorgeschlagen. Nur wenige Sprachförderkonzepte sind allerdings wissenschaftlich evaluiert – bis heute wird versucht, in unterschiedlichen Kontexten und Projekten nachzuweisen, welche Maßnahmen Sprachförderung besonders effektiv und wirksam machen (Ahrenholz et al. 2016; Egert/Hopf 2016; Lisker 2010; Mercator Institut für Deutsch als Zweitsprache 2013; Roos et. al. 2010).

Die meisten Evaluationsstudien liegen bislang für den Elementarbereich vor. Hier scheinen nach aktuellen Erkenntnissen für jüngere Kinder (d. h. Kinder unter drei Jahren) alltagsintegrierte Förderansätze erfolgsversprechend zu sein. Die Ergebnisse für zusätzliche Fördermaßnahmen im frühkindlichen Bereich sind, bis auf die Förderung der phonologischen Bewusstheit, nicht eindeutig (Egert/Hopf 2016). Für den Grundschulbereich liegen bisher kaum belastbare Ergebnisse vor.

Obwohl also das ultimative Geheimrezept für die »ideale Sprachförderung« noch nicht gefunden wurde, können verschiedene Merkmale und/oder Kriterien benannt werden, deren Berücksichtigung die Qualität einer Sprachfördersituation – unabhängig davon, ob diese im Regelunterricht oder in einer Kleingruppe stattfindet – beeinflusst. Diese eröffnen wiederum Möglichkeiten für die Lehrkraft, den Unterricht sprachsensibel zu gestalten.

In diesem Kapitel stellen wir Ihnen in der Praxis erprobte Methoden vor und zeigen auf, welche Aspekte es zu berücksichtigen gilt, um entscheiden zu können, welche Methode zu welcher Zielgruppe an Schüler/innen am besten passt.

Einige dieser Kriterien (z. B. zum allgemeinen Sprach- und Kommunikationsverhalten) mögen für Sie vielleicht auf der Hand liegen beziehungsweise ganz selbstverständlich erscheinen. Wenn Sie sich aber einmal selbst im alltäglichen Umgang mit den Kindern oder gar im Unterricht beobachten, merken Sie vielleicht, dass im alltäglichen Trubel häufig vieles von dem, was Sie meinen bereits umzusetzen, untergeht. Die im Folgenden dargestellten Kriterien eignen sich daher auch wunderbar zur regelmäßigen Selbstreflexion oder zur kollegialen Beratung.

4.1 Qualitätskriterien für Sprachförderung

Wir beginnen dieses Kapitel mit den Grundlagen zum eigenen Sprach- und Kommunikationsverhalten. Sie erfahren hier, wie Schüler/innen mit Sprachförderbedarf möglichst viele sprachliche Informationen aus dem Input ziehen, den sie von Ihnen als Lehrkraft erhalten.

Wie Sie sprachliche Hürden in schulischen Aufgabenstellungen erkennen und eliminieren bzw. sprachliche Hilfen anbieten, erfahren Sie unter der Überschrift »Sprachsensible Unterrichtsgestaltung«.

Wir stellen anschließend bedeutungs- und formfokussierende Methoden der Sprachförderung einander gegenüber und skizzieren Beispiele für Sprachförderung im Regelunterricht und in der Kleingruppe, bevor wir noch einmal zur Löwenzahn-Schule zurückkehren.

Das eigene Sprach- und Kommunikationsverhalten

Die Reflexion des eigenen Sprach- und Kommunikationsverhaltens ist Dreh- und Angelpunkt einer jeden sprachförderlichen Situation. Wenn Sie die allgemeinen Kriterien zum Sprachverhalten im schulischen Alltag – egal ob im Regelunterricht oder in gezielten Förderangeboten – berücksichtigen, unterstützen Sie alle Kinder quasi »nebenbei«.

Seien Sie in jeder Situation ein bewusstes Sprach- und Kommunikationsvorbild!

Prinzipiell ist jeder Sprecher der Sprache, die ein Lerner erwerben möchte, in allen Kommunikationssituationen automatisch Sprachvorbild für den Lerner. Als Lehrkraft stellen Sie Kindern in jeder sprachlichen Situation (auch in Gesprächen zwischen Tür und Angel oder in Unterhaltungen auf dem Schulhof) Informationen zur deutschen Sprache zur Verfügung.

Einen Einfluss haben Sie vor allem darauf, wie umfangreich diese Informationen sind, wie sie präsentiert werden und wie gut Kinder die sprachlichen Informationen dadurch verarbeiten können. Vor allem für Kinder, die außerhalb der Schule kein oder wenig Deutsch hören, zählt jede Situation, hilft jeder aufmerksam geführte Dialog.

Im Folgenden haben wir einige grundlegende Hinweise zusammengestellt, die verdeutlichen, wie Ihr sprachliches Angebot gestaltet sein sollte, damit Lerner möglichst viele Informationen aus dem sprachlichen Input identifizieren können.

Allgemeine Regeln der Kommunikation

Erwachsene neigen manchmal dazu (vor allem in Stresssituationen bzw. unter Zeitdruck) kindlichen Gesprächspartnern nicht die gleiche Aufmerksamkeit zuteilwerden zu lassen, wie man dies bei einem erwachsenen Gegenüber tun würde. Kindern auf Augenhöhe zu begegnen und als Gesprächspartner ernst zu nehmen, bedeutet vor allem erst einmal eins: Hören Sie aktiv zu und lassen Sie das Kind/die Kinder ausreden! Lerner benötigen manchmal etwas mehr Zeit, um einen Gesprächsbeitrag zu formulieren. Versuchen Sie, geduldig zu bleiben und nicht selbst zu antworten – auch wenn Sie vielleicht bereits erkannt haben, was der Schüler/die Schülerin von Ihnen möchte.

Achten Sie stets darauf, dass Ihr Sprachverhalten natürlich und authentisch bleibt und dass Sie sich beim Sprechen wohl fühlen. Überartikuliertes Sprechen, übertrieben langsames oder lautes Sprechen hört sich für Ihre Zuhörer seltsam an, auch wenn diese im Erwerb des Deutschen noch nicht weit fortgeschritten sind. Ein angemessenes Sprechtempo, Sprechpausen und eine wohl dosierte Sprechlautstärke tragen nicht nur in der alltäglichen Kommunikation zu einem guten Verständnis zwischen Kommunikationspartnern bei, sondern sind auch für die Gestaltung von Sprachfördersituationen sinnvoll.

Die deutsche Grammatik nutzen!

Wenn Lerner noch über sehr geringe Sprachkenntnisse verfügen, verfallen ihre Gesprächspartner leider sehr oft in überartikulierte Sprache mit vereinfachter Grammatik – vermeintlich, um den Lerner das Verständnis zu erleichtern –, z. B. *Pause. Du gehen Hof! Du spielen oder essen.*
Diese gut gemeinte Vereinfachung ist jedoch nicht sprachförderlich und trägt auch nicht dazu bei, dass der Lerner Sie besser versteht.
Sie helfen Schüler/innen, die über sehr geringe Deutschkompetenzen verfügen, indem Sie einfache und wenig komplexe Sätze formulieren. Die Regeln der deutschen Grammatik sollten Sie als Sprachvorbild dabei aber unbedingt einhalten – besser: *Jetzt ist Pause. Ziehe doch schon mal deine Jacke an. Gehe in den Hof. Du kannst spielen. Oder du kannst etwas essen.*

Setzen Sie Gestik und Mimik bewusst ein!

In der alltäglichen Kommunikation setzen wir Gestik und Mimik in der Regel unbewusst ein: Wir können gar nicht anders, als fortwährend nonverbal zu kommunizieren.

Ein ganz bewusster Einsatz von Gestik und Mimik kann dazu beitragen, das Sprachverständnis von Lernern zu erleichtern, wenn die formalsprachlichen Mittel noch fehlen: So können Zeigegesten z. B. bei der Einführung von neuem Wortschatz unterstützend wirken. Durch den Einsatz von Mimik können nonverbale Signale wie Freude oder Traurigkeit transportiert werden, die beim Lerner in der Regel auch ohne verbalsprachliche Mittel ankommen.

Die nonverbale Kommunikation hält aber auch einige Stolpersteine bereit: Während es Gefühle gibt, die weltweit zu den gleichen mimischen Reaktionen führen (Angst, Trauer, Ärger, Ekel, Überraschung, Freude), gibt es beim Einsatz von Gesten durchaus große kulturelle Unterschiede. Beispielsweise wird das Schütteln des Kopfes nicht überall auf der Welt als *Nein!* verstanden: In Bulgarien oder Indien zeigt man damit genau das Gegenteil an (Kumbier/Schulz v. Thun 2009; Thomas et al. 2005). Bedenken Sie, welche Auswirkungen diese Tatsache auf die Kommunikation mit einem bulgarischen Kind haben kann!

Natürlich können Sie nicht über alle kulturellen Unterschiede und Besonderheiten Bescheid wissen. Ihnen sollte aber klar sein, dass es diese grundsätzlich gibt – und sensibel auf die Reaktionen der Kinder bzw. auf mögliche Irritationen seitens der kindlichen Gesprächspartner achten.

Verwenden Sie variations- und kontrastreiche Sprache!

Wie wir bereits angemerkt haben, nutzen Lerner den Input, den sie von Sprachvorbildern erhalten, um die für den eigenen Erwerbsprozess relevanten sprachlichen Informationen herauszufiltern. Je variations- und kontrastreicher dieser Input ist, desto mehr Informationen kann ein Lerner dem Input entnehmen. Hierzu ein paar einfache Beispiele:

In Kombination mit einer bildlichen Darstellung und entsprechender gestischer Unterstützung gelingt es einem Lerner vermutlich, sich durch die Äußerung: *Schau mal ein Apfel. Hier ist noch ein Apfel!* zu erschließen, dass das dargestellte Obst im Deutschen als *Apfel* bezeichnet wird.

Nun wird der Apfel einem Lerner nicht nur als *Apfel*, sondern auch – je nach grammatischem Kontext – in weiteren Formen begegnen: Ich esse beispielsweise einen *Apfel*, manchmal auch mehrere *Äpfel* und mache gerne Apfelmus aus mehreren *Äpfeln*.

Der Apfel muss einem Lerner also möglichst in seiner ganzen Formenvielfalt begegnen. So wird der Unterschied zwischen Singular und Plural, d. h. *Apfel* und *Äpfel* nur deutlich, wenn beide Formen innerhalb einer Äußerung einander gegenübergestellt, d. h. kontrastiert werden:

Schau mal, ein Apfel. Hier ist noch ein Apfel. Genau, auf dem Bild kannst du zwei Äpfel sehen. Isst du auch gerne Äpfel?

Hier kann der Lerner einen unmittelbaren Vergleich ziehen und eine erste Hypothese aufstellen: Es macht scheinbar einen Unterschied, ob ich von *einem Apfel* oder *mehreren Äpfeln* spreche – die Form verändert sich!

Auch Satzmuster (z. B. Unterschiede zwischen Haupt- und Nebensatz) oder Verbbeugungsmuster können auf diese Weise kontrastiert werden und liefern so wichtige Anhaltspunkte für den Lerner. Im Folgenden ist ein Beispiel zur Subjekt-Verb-Kongruenz dargestellt:

Ich lege die Dreiecke in den roten Kasten. Amir, du legst die Kreise in den blauen Kasten, ok? Dann lege ich die Vierecke noch in den grünen Kasten. Du kannst den Kasten in das Regal legen!

In den beschriebenen Äußerungen geht es vor allem darum, den eigenen Input qualitativ anzureichern, indem z. B. auf eine bestimmte Formenvielfalt geachtet wird. Eine weitere, wichtige »Stellschraube« besteht darin, nicht nur die Qualität, sondern auch die Quantität des sprachlichen Inputs zu beeinflussen.

Achten Sie auf ausreichende Wiederholungen!

Natürlich erschließen sich Lerner einzelne Wörter oder sprachliche Strukturen nicht durch einmaliges Hören. Daher sind Lerner darauf angewiesen, dass sich Wörter und sprachliche Strukturen im Input möglichst häufig wiederholen und in unterschiedlichen Kontexten Anwendung finden. Eine einfache Methode, die Quantität des sprachlichen Angebots zu erhöhen, ist das so genannte **handlungsbegleitende Sprechen**.

Beim handlungsbegleitenden Sprechen werden Abläufe und Zusammenhänge, in denen Sprache eigentlich nicht zwingend erforderlich ist, bewusst verbalisiert. Der Unterrichtsalltag bietet dafür unzählige Situationen: Sie können z. B. Materialien vor Beginn einer Unterrichtsstunde schweigend auf den Lehrertisch räumen oder aber aussprechen, was Sie gerade tun: *Wir haben jetzt gleich Deutsch, deswegen lege ich die Hefte schon mal auf den Tisch.* Auch wenn Ihnen das vielleicht gewöhnungsbedürftig erscheinen mag – vor allem Schüler/innen mit Sprachförderbedarf profitieren von diesem »mehr« an sprachlichem Angebot!

Weitere Optionen für das handlungsbegleitende Sprechen

- Wer tut was womit?
  Ich wische schon mal die Tafel mit dem Schwamm sauber.

- Welche Wirkung entsteht durch das Tun?
  Wenn die Tafel sauber ist, kann ich die Hausaufgaben anschreiben.
- Wann passiert etwas mit wem?
  Wenn ich die Hausaufgaben angeschrieben habe, könnt ihr in die Pause gehen.

Achten Sie darauf, vollständige Äußerungen zu produzieren!

Im (beruflichen) Alltag sind wir oft bestrebt, Zeit zu sparen – dies drückt sich auch in unserem Sprachverhalten aus: Wir neigen dazu, verkürzte Formulierungen, Anweisungen oder Antworten zu verwenden. Schließlich wissen Kommunikationspartner, die sich in derselben Situation befinden, auch ohne ausführliche sprachliche Beschreibung, worauf wir Bezug nehmen möchten. Im schulischen Kontext sind Äußerungen wie *Pause, ab in den Hof!* oder *Mathehefte raus!* daher häufig zu hören.

Natürlich erfüllen diese vollständig den kommunikativen Zweck. Die Schüler/innen werden sich in der Regel in die Pause begeben oder die Mathehefte auf den Tisch legen. Aus der Lernerperspektive betrachtet profitieren Schüler/innen mit sprachlichem Förderbedarf aber weitaus mehr davon, wenn Sie solche Aufforderungen in vollständigen Sätzen formulieren:

Jetzt beginnt die Pause. Ihr dürft jetzt in den Hof gehen. oder *Bitte hole dein Mathebuch aus dem Schulranzen.*

Warum? Die letztgenannten Äußerungen enthalten deutlich mehr sprachliches Material als verkürzte Formeln, die keine verlässlichen Informationen über den deutschen Satzbau liefern. Man könnte sogar spitzfindig behaupten, dass Sie sich – aus der Perspektive des Spracherwerbs betrachtet – mit einer Äußerung wie *Mathehefte raus* auf dem sprachlichen Stand eines ca. 1,5 Jahre alten Kindes befinden, das Deutsch als Erstsprache lernt. Konstruktionen wie *Ball rein* oder *Auto raus* sind nämlich ganz typisch für diesen Altersbereich. Natürlich erwartet man, dass diese Kinder bald zu einer fortschrittlicheren Struktur, sprich dem deutschen Hauptsatz, übergehen – genau das tun Sie selbst hoffentlich auch!

Das folgende, überspitzte Beispiel zeigt, wie viele Informationen zur Verbbeugung im Deutschen durch die Versprachlichung einfacher Sachverhalte implizit zur Verfügung gestellt werden können:

Bitte holt alle eure Hefte heraus. Gestern hast du dein grünes Heft herausgeholt, heute holst du dein rotes Heft heraus. Ich hole auch mein Heft heraus. Toll, der Ali hat sein rotes Heft herausgeholt. Und die Petra holt auch ihr rotes Heft heraus.

Achten Sie also immer darauf, dass Sie in Ihrem Sprachangebot möglichst vollständige Äußerungen verwenden. Es ist kein Beinbruch, wenn Ihnen das nicht immer gelingt –

wichtig in diesem Bereich ist vor allem, dass Sie Ihr Sprachverhalten immer wieder reflektieren.

Setzen Sie gezielt Fragen ein!

Fragen aller Art tragen dazu bei, Kinder zum Sprechen anzuregen, also »Output« zu produzieren. Doch nicht jede Frage erfordert eine ausführliche Antwort. Manche Fragen können mit *ja*, *nein* oder einem einzelnen Wort ausreichend beantwortet werden, wie folgende Beispiele zeigen:

- **geschlossene Fragen:**
  Möchtest du etwas trinken? – Ja./Nein.
  Hast du Hunger – Ja./Nein.
- **teiloffene Fragen:**
  Was möchtest du trinken? – Saft.
  Wann möchtest du essen? – Jetzt./Später.

Sowohl im Regelunterricht als auch in spezifischen Sprachfördersituationen können geschlossene oder teiloffene Fragen natürlich zum Einsatz kommen. Denken Sie dann aber darüber nach, ob Sie mit der Antwort der Schüler/innen angemessen umgehen: Einzelne Wörter sind – aus der kommunikativen Perspektive betrachtet – die korrekte Antwort auf solche Fragen. Die explizite Aufforderung nach mehr, d.h. nach einem vollständigen Satz, wäre nicht wirklich authentisch und würde – zu Recht – Unverständnis hervorrufen. Bereits weiter oben haben wir darauf hingewiesen, dass wir in der alltäglichen mündlichen Kommunikation häufig auch mit kurzen sprachlichen Informationen auskommen. Wenn Sie sich bei einer Freundin nach den Samstagabend-Aktivitäten erkundigen möchten und fragen *Wo warst du gestern Abend?*, würden Sie nie auf die Idee kommen, diese zu bitten, »in einem ganzen Satz zu antworten«, wenn sie einfach nur *im Kino!* sagt. Oder denken Sie noch einmal an unser Beispiel zur Produktion vollständiger Äußerungen auf Seite 75. Sicherlich wären Sie äußerst irritiert, wenn Sie zu den Schüler/innen *Mathehefte raus!* sagen und ein Schüler ihnen entgegnet: *und wie heißt das richtig?*

Wenn Sie also Ihre Schüler/innen dazu anregen möchten, längere oder komplexere Äußerungen zu produzieren, dann liegt es bei Ihnen, im Schulalltag ein entsprechendes Vorbild zu sein sowie Fragen von vorne herein so zu formulieren, dass eine komplexere Antwort erforderlich ist. Offene Fragen bieten sich hierfür an.

- **offene Fragen:**
  Wie kannst du diese Aufgabe lösen?
  Warum sieht das Mädchen auf dem Bild so traurig aus?

Offene Fragen eignen sich sehr gut, um mit Kindern in den Dialog zu treten und ihnen komplexere Äußerungen zu entlocken. Allerdings sollte man sich beim Einsatz von offenen Fragen vorab darüber im Klaren sein, ob die Schüler/innen bereits ein sprachliches Niveau erreicht haben, um die offene Frage verstehen zu können, und ob sie über die notwendigen sprachlichen Mittel verfügen, die Frage beantworten zu können.

Andere Frageformate sind weniger förderlich für Gespräche und sollten demnach vermieden werden, wenn Sie Schüler/innen zur Sprachproduktion anregen möchten. Dazu gehören beispielsweise geschlossene Fragen, Suggestivfragen und rhetorische Fragen (Reber/Schönauer-Schneider 2009).

Wie wir oben gezeigt haben, lassen sich geschlossene Fragen in der Regel ganz einfach mit *ja/nein* oder *vielleicht* beantworten, ebenso wie Suggestivfragen, bei der die Antwort eigentlich bereits durch den Fragesteller vorweggenommen wird. Auf rhetorische Fragen wird eigentlich keine wirkliche Antwort erwartet:

- **geschlossen Fragen:**
  Ist das eine Kartoffelpflanze?
- **Suggestivfragen:**
  Könnte das vielleicht eine Kartoffelpflanze sein?
- **rhetorische Fragen:**
  Wollen wir dann mal mit der Unterrichtsstunde anfangen?

Schüler/innen, die beim Erwerb des Deutschen noch Nachholbedarf haben, haben häufig Schwierigkeiten mit dem Verständnis von »Kettenfragen«, also mehreren komplexen Fragen, die direkt hintereinander gestellt *werden*, wie z. B.:

Wann blüht die Kartoffelpflanze? Wann trägt sie Früchte? Wie lange dauert es, bis man sie ernten kann?

Solche Kettenfragen sind häufig in schulischen Aufgabenstellungen zu finden. Für Schüler/innen ist es eine gute Unterstützung, wenn Sie Kettenfragen vermeiden und stattdessen einzelne unabhängige Fragen formulieren:

Wann blüht die Kartoffelpflanze?
Wann trägt die Kartoffelpflanze Früchte?
Wie lange dauert es, bis man die Kartoffeln ernten kann?

Fragen stellen also eine gute Möglichkeit dar, um mit Kindern ins Gespräch zu kommen. Gleichzeitig sind Fragen aber auch wichtiger Bestandteil des sprachlichen Inputs, denn Lerner müssen natürlich auch selbst die Fähigkeit erwerben, Fragen mit unterschiedlichen Fragewörtern zu formulieren.

Der Einsatz spezifischer Fragen ist nicht vollständig planbar – weder im Regelunterricht noch in der Sprachförderung. Bei der Vorbereitung einer Unterrichtssituation oder Sprachfördersequenz kann es jedoch hilfreich sein, Fragen vorab zu formulieren, um zielgerichtet Gespräche anzuregen und damit sowohl den Input als auch den Output für die Schüler/innen zu erhöhen. Auch bei den erwähnten Kettenfragen besteht die Möglichkeit, im Vorfeld über mögliche Unterstützungsangebote nachzudenken – beispielsweise, indem man Kettenfragen in schulischen Aufgabenstellungen für Schüler/innen mit sprachlichen Problemen im Deutschen auflöst bzw. umformuliert.

W-Fragen stellen – Ja oder nein?

In der Lehrer/innen-Ausbildung wird – so berichten viele Lehrer/innen, mit denen wir in der Vergangenheit zusammen gearbeitet haben – darauf hingewiesen, dass im Unterricht »W-Fragen« möglichst vermieden werden sollen.
Diese Herangehensweise ist für Schüler/innen ohne Sprachförderbedarf sicherlich gerechtfertigt. Für Schüler/innen mit Sprachförderbedarf stellen bewusst und gezielt eingesetzte Fragen jedoch eine wichtige Hilfestellung im Spracherwerbsprozess dar. Zum einen werden Sie durch Fragen dazu angeregt, ihre sprachlichen Kompetenzen anzuwenden. Darüber hinaus sind Fragen wichtiger Input für die Schüler/innen, um selbst die Fähigkeit zu erwerben, Fragen produzieren zu können.

Das Formulieren von W-Fragen ist auch deshalb so wichtig in der Sprachförderung, da Kinder durch bestimmte Fragen zum Gebrauch spezifischer grammatischer Strukturen herausgefordert werden und sich somit auch erkennen lässt, ob diese Strukturen bereits vorhanden bzw. gefestigt sind (Ruberg et al. 2013):

- **Offene Fragen** fordern zum Gebrauch einfacher Hauptsätze heraus.
  Was passiert denn da? – Der Junge lacht.
- **Wann- und Warum-Fragen** fordern zum Gebrauch von Nebensätzen heraus.
  Warum freut sich denn der Junge? – Weil er Geburtstag hat.
- **Wen-oder-was-Fragen** fordern zum Gebrauch von Akkusativobjekten heraus.
  Was hat denn die Lehrerin mitgebracht? – Einen Kuchen.
- **Wem-Fragen** fordern zum Gebrauch von Dativobjekten heraus.
  Wem schenkt denn die Lehrerin den Kuchen? – Dem Jungen.
- **Wo-Fragen** können – je nach Kontext – zum Gebrauch des Akkusativs oder des Dativs herausfordern.
  Wo hat die Lehrerin den Kuchen hingestellt? – Auf den Tisch.
  Wo steht denn der Kuchen? – Auf dem Tisch.

Wenden Sie korrektives Feedback an!

Wie wir bereits erläutert haben, geht es beim (Zweit)Spracherwerb im institutionellen Kontext vor allem darum, Lehr- und Lernbedingungen zu schaffen, die es Kindern ermöglichen, ihr Sprachsystem eigenaktiv auszubauen. Eine gute Möglichkeit, den

Spracherwerb von Schüler/innen zu unterstützen, bietet ein kontrollierter Einsatz des Korrekturverhaltens, das so genannte **korrektive Feedback.** Mit Hilfe des korrektiven Feedbacks und weiterer Modellierungstechniken (Dannenbauer 1999) haben Sie die Möglichkeit, Schüler/innen richtige sprachliche Strukturen aufzuzeigen, ohne dass »Fehler« bzw. sprachliche Abweichungen explizit in den Vordergrund gestellt werden.

In diesem Sinne bedeutet korrektives Feedback, dass Sie unvollständige oder fehlerhafte Äußerungen von Schüler/innen aufgreifen, korrekt wiederholen bzw. auf die vollständige Form hin erweitern. Der Schüler oder die Schülerin fühlt sich dadurch auf inhaltlicher Ebene verstanden und erhält gleichzeitig den Input, den er oder sie für die Erweiterung des eigenen Sprachsystems benötigt. Hier einige Beispiele:

- **indirekte Korrektur**
  Schüler: *Der Junge muss Buch auf die Tisch legen.*
  Lehrerin: *Genau, der Junge muss das Buch auf den Tisch legen.*

- **Erweiterung**
  Schülerin: *Der Krankenwagen nicht kommt.*
  Lehrer: *Nein, der Krankenwagen kommt nicht. Er holt das Kind nicht ab. Die Familie fährt mit dem Auto zum Arzt.*

- **Wiederholung**
  Schülerin: *Mädchen rennt.*
  Lehrer: *Ja, das Mädchen rennt.*

Im Zusammenhang mit der Wiederholung als Rückmeldestrategie merken viele Lehrer an, dass Sie in der Ausbildung gelernt haben, ein »Lehrerecho«, d.h. das Wiederholen von Schülerantworten, zu vermeiden. Im Kontext des Zweitspracherwerbs dient das Wiederholen einer schwer verständlichen oder fehlerhaften Äußerung aber dazu, der Schülerin bzw. dem Schüler zu signalisieren, dass diese beim Gesprächspartner angekommen ist.

> »Das Selbstbewusstsein des Kindes wird so gestärkt und es traut sich wahrscheinlich sprachlich mehr zu. Der Einsatz einer Wiederholung verschafft dem Kind außerdem Zeit und erleichtert somit das Verarbeiten und festigen von Inhalten und Sprachstrukturen im Gesprächsverlauf« (Kammermeyer et al. 2014, S. 20).

Warum keine explizite Korrektur?

Die Konfrontation mit sprachlichen Defiziten ist für jeden Lerner (auch für Erwachsene!) eine extrem unangenehme, bloßstellende Situation. Niemand möchte in einem Gespräch gerne permanent auf Fehler hingewiesen werden. Darüber hinaus können besonders jüngere Lerner mit den Informationen, die eine explizite Korrektur enthält, oftmals gar nichts anfangen.

Sofern Sie das ohnehin nicht bereits tun: Verzichten Sie auch auf den Versuch, Kinder korrekte Äußerungen nachsprechen zu lassen! Abgesehen davon, dass das wenig spannend und mitunter frustrierend ist, fördern Sie damit ausschließlich eine reine Imitationsleistung. Der Spracherwerb – also das, worauf es Ihnen in der Sprachförderung hauptsächlich ankommen sollte – wird hingegen nicht unterstützt. Spracherwerb ist eine aktive Konstruktionsleistung und basiert nicht auf dem Auswendiglernen von Wörtern oder Strukturen (Szagun 2016, Tracy 2008)!

Wenn Sie implizit korrigieren, schaffen Sie nicht nur eine offene, angstfreie Unterrichtsatmosphäre, sondern versorgen Lerner auch mit den nötigen sprachlichen Informationen, die sie für eine Weiterentwicklung ihrer sprachlichen Fähigkeiten brauchen. Auch wenn das für Sie als Lehrkraft nicht immer sofort sicht- bzw. hörbar wird! Eine Checkliste zur Selbstreflexion des eigenen Sprachverhaltens finden Sie auf S. 108 ff.

Nachfolgend haben wir für Sie noch einmal zusammengefasst, wie unterstützendes Sprachverhalten aussieht [nach Ruberg et al. 2013, S. 134 (leicht verändert)].

Unterstützendes Sprachverhalten

Was man tun sollte:
- Kind als Gesprächspartner ernst nehmen
- über die Blickrichtung und durch Gesten einen gemeinsamen Aufmerksamkeitsfokus herstellen
- Gespräche anregen
- korrektives Feedback geben, Äußerungen erweitern bzw. thematisch weiterführen
- einzelne Wörter gezielt mehrmals verwenden
- offene Fragen stellen, wenn die Voraussetzungen gegeben sind

Was man nicht tun sollte:
- »ins Blaue« hinein sprechen
- einen direktiven Gesprächsstil pflegen, der durch häufige Handlungsanweisungen geprägt ist (*mach dies, mach jenes*)
- Gesprächsthemen und Gesprächsverlauf bestimmen
- unreflektiert geschlossene Fragen stellen
- Wörter »mechanisch« abfragen (*Was ist das?*)

4.2 Sprachsensibler (Fach-)Unterricht

In den vorangegangenen Kapiteln haben wir allgemeine Qualitätskriterien für Sprachförderung beschrieben. Der Schwerpunkt lag dabei auf dem Sprach- und Kommunikationsverhalten von Lehrkräften in jeglichen Situationen des Schulalltags. In den folgenden Abschnitten möchten wir ein wenig konkreter werden: Wir skizzieren zunächst, wie man ganz gezielt Sprechanlässe im Regelunterricht schaffen kann. Anschließend erläutern wir, wie sprachsensible Unterrichtsgestaltung im Idealfall aussehen sollte. Die Qualitätskriterien für Sprachförderung greifen wir dabei immer wieder auf.

Im Kapitel »Methoden der Sprachförderung« beleuchten wir anhand von Best-Practice-Beispielen, wie unterschiedlich man sprachförderlichen Unterricht in der Regelklasse und in Kleingruppensituationen gestalten kann. Hierfür kehren wir auch noch einmal an die Löwenzahn-Schule zurück. Abschließend geben wir einige grundlegenden Hinweise zum Thema »Materialien für die Sprachförderung«.

Sprechanlässe im Regelunterricht

Je nach Fach, Unterrichtsthema und Lerngegenstand kommt Sprache im Regelunterricht auf unterschiedliche Weise zum Einsatz, d. h. es treten vielfältige Sprechanlässe und Kommunikationssituationen auf. Jede Kommunikationssituation – egal ob im Deutsch-, Mathe- oder Religionsunterricht – trägt zum Spracherwerb der Schüler/innen bei. Daher möchten wir an dieser Stelle erneut betonen, dass Sprachförderung nicht primär den Deutschlehrer/innen vorbehalten, sondern Aufgabe des gesamten Kollegiums einer Schule und in jedem Fach möglich ist.

Wie wir bereits in Kapitel 1 (»Spracherwerb, sprachliche Bildung und Sprachförderung am Übergang Kita – Grundschule«) beschrieben haben, sind sowohl der Input, den die Schüler/innen erhalten, als auch der Output wichtige Grundvoraussetzungen für eine erfolgreiche Sprachentwicklung. Das bedeutet für Sie als Lehrkraft, dass Sie bereits bei der Unterrichtsplanung gezielt auf die Gestaltung von In- und Output Einfluss nehmen können, indem Sie Kommunikationssituationen, Aufgabenstellungen und Hilfen auswählen, die an die Bedürfnisse der Schüler/innen angepasst sind.

Um Schüler/innen im Regelunterricht zum Sprechen anzuregen, sollte der Sprechanlass möglichst authentisch gestaltet sein. Das bedeutet, die Schüler/innen müssen einen tatsächlichen Grund haben, sich mitzuteilen – etwa um Erfahrungen oder Erlebnisse auszutauschen, um Informationen zu spezifischen Themen zu diskutieren oder um zu einem Ergebnis zu kommen. Hier ein Beispiel:

Schülerzentrierte offene Lernsituationen wie die Methode »Partnerbriefing« eignen sich gut, um Dialoge anzuregen: Eine Klasse wird in zwei oder mehrere Gruppen geteilt, die sich jeweils mit einem Thema – z. B. »Schwimmen und Sinken« – auseinandersetzen. Die Gruppen erhalten dazu aber verschiedene Materialien – z. B. unterschiedliche Gegenstände, die entweder auf der Wasseroberfläche schwimmen oder auf den Boden eines mit Wasser gefüllten Gefäßes sinken. Im nächsten Schritt werden aus den verschiedenen Gruppen Zweier-Teams gebildet. Die Teams berichten sich jeweils in eigenen Worten, welche Informationen sie zuvor in ihren Gruppen herausgearbeitet haben, und gleichen gemeinsam diese Informationen miteinander ab. Ein solcher Dialog, den wir Ihrem Verständnis zuliebe in korrektem Deutsch wiedergeben, könnte wie folgt aussehen:

Schüler A: *Wir haben eine Melone ins Wasser gelegt. Die ist geschwommen.*
Schüler B: *In unserer Gruppe hatten wir Trauben. Die sind untergegangen.*

Schüler A: *Was? Glaube ich nicht. Die Melone ist doch größer als die Traube!*
Schüler B: *Doch, echt, die Traube ist untergegangen. Ich mach das mal vor!*
Schüler A: *Ok, ok, du hast Recht. Aber warum geht die Traube unter und die Melone nicht? usw.*

Anschließend präsentieren die Zweier-Teams ihre Ergebnisse noch einmal vor der gesamten Klasse.

Wenn Sprache im Unterricht einen »echten« kommunikativen Zweck erfüllt (wie hier in diesem Beispiel), werden Schüler/innen eher motiviert, sich sprachlich am Unterricht zu beteiligen. Die gesteigerte Aufmerksamkeit führt dann auch eher dazu, dass – neben der inhaltlichen Information – sprachliche Strukturen im Input wahrgenommen werden.

Lassen Sie im Gegensatz dazu Schüler/innen vorgegebene Satzmuster vervollständigen oder ganze Sätze nachsprechen, ist der kommunikative Zweck stark eingeschränkt. Auch die Aufmerksamkeit wird deutlich sinken, wenn ein Satz erst einmal von fünf oder mehr Schüler/innen einer Klasse wiederholt wurde. Vielleicht können die Schüler/innen das Satzmuster nach einer gewissen Zeit auswendig wiedergeben. Es ist aber eher unwahrscheinlich, dass die Schüler/innen in solchen stupiden Übungen Wissen erwerben, das sie auch auf andere Kommunikationssituationen übertragen können.

Der Vorteil von offenen und kooperativen Unterrichtsmethoden ähnlich der oben beschriebenen ist, dass der sprachliche Austausch der Schüler/innen notwendige Voraussetzung für ein Ergebnis ist. Die Schüler/innen fungieren füreinander als Sprachvorbild und werden gleichzeitig zur Produktion von Output angeregt. Der Sprechanteil bzw. der Input der Lehrkraft ist hierbei verhältnismäßig gering.

Offene Unterrichtsmethoden eignen sich grundsätzlich auch sehr gut, um Leistungsdifferenzierungen vorzunehmen. So können im Partnerbriefing Gruppen und Zweier-Teams entweder sprachlich homogen oder sprachlich heterogen zusammengestellt werden. In sprachlich homogenen Gruppen können Sie die Aufgabenstellung gut auf den Sprachstand der Schüler/innen anpassen. Bei der Bildung von Zweier-Teams in heterogenen Gruppen ergeben sich automatisch Paarungen, in denen die sprachlich schwächeren Schüler/innen vom Input der sprachlich fortgeschrittenen Schüler/innen profitieren.

Natürlich können neben offenen auch frontale Unterrichtsmethoden sprachförderlich gestaltet werden. Frontale Unterrichtmethoden zeichnen sich in der Regel durch einen höheren Sprechanteil der Lehrkraft aus. Dadurch erhalten Schüler/innen in solchen Unterrichtssituationen viel Input, der von der Lehrkraft aktiv gestaltet werden kann – ein Vorteil für Schüler/innen, die noch sehr wenig Deutsch sprechen. Je nach Schüler/innen, Lernziel und Unterrichtsgegenstand müssen Sie daher abwägen, welche Herangehensweise besser geeignet ist.

Unabhängig von der Wahl der Unterrichtsmethode haben Sie vielfältige Möglichkeiten, die sprachlichen Anteile auf Lehrer- und Schülerseite zu erhöhen. Diese Möglichkeiten sind fächerübergreifend einsetzbar und auf nahezu jeden Unterrichtsinhalt übertragbar:

Rituale tragen dazu bei, dass spezifische sprachliche Strukturen wiederholt werden. Dazu zählen natürlich Morgen- bzw. Erzählkreise. Zu Beginn eines Schultages kann der Tagesablauf besprochen werden:

Heute ist Dienstag. In der ersten Stunde üben wir Mathe. Dann haben wir Deutsch. Nach der Deutschstunde frühstücken wir. Heute hat Pietro Tafeldienst und darf nach jeder Stunde die Tafel wischen ...

Je nach sprachlicher Kompetenz der Schüler/innen kann der höhere Redeanteil bei solchen Ritualen entweder bei den Schüler/innen liegen oder von der Lehrkraft gestaltet werden.

Bilder aller Art eignen sich nicht nur gut zum Visualisieren von Unterrichtsinhalten oder von (Fach-)Wörtern, sondern stellen gleichzeitig sehr gute Sprechanlässe dar. Besonders Wimmelbilder, die es inzwischen zu unzähligen Themen gibt, bieten sich dafür an. Um die Spannung und damit meist auch die Sprechfreude der Schüler/innen zu erhöhen, können **Rätselbilder** eingesetzt werden: Sie verdecken zunächst den Großteil des Bildes, so dass nur kleine Bilddetails zu sehen sind. Sukzessive werden weitere Details aufgedeckt. Die Schüler/innen äußern Vermutungen, was auf dem Bild insgesamt dargestellt wird. Setzen Sie **Fokussierungshilfen** – z. B. in Form von selbst gebastelten Lochmasken oder Lupen – ein, um die Aufmerksamkeit der Schüler/innen auf spezifische Details eines Bildes zu lenken und damit auch die Kommunikation thematisch zu steuern.

Neben Visualisierungen durch Bilder können auch **auditive oder taktile Stimuli** als Sprechanlässe genutzt werden. Geräusche werden vorgespielt und müssen zu Gegenständen oder Lebewesen zugeordnet werden. Gegenstände in Säckchen werden ertastet und die Schüler/innen müssen ihren Mitschüler/innen beschreiben, was sie gerade fühlen.

Darüber hinaus können Schüler/innen auch gezielt angeregt werden, sich mit Unterrichtsinhalten außerhalb der jeweiligen Unterrichtsstunde sprachlich zu beschäftigen: Zum Beispiel kann eine Klasse die Aufgabe erhalten, zu einem spezifischen Unterrichtsthema während einer Schulwoche jeden Tag eine Frage oder auch Information eigenständig zu notieren. Am Ende der Schulwoche werden die Fragen und Informationen gemeinsam in der Klasse reflektiert und besprochen oder in einer **Quizstunde** gesammelt und gemeinsam beantwortet.

Reflektieren Sie zum Ende größerer Unterrichtseinheiten oder auch einfach nur nach einer Schulstunde, eines Schultages oder einer Schulwoche das Erlebte gemeinsam in der Klasse. Sprachlich schwächeren Schüler/innen können hierzu auch sprachliche Hilfen in Form von **Satzmustern** zur Verfügung gestellt werden, an denen sie sich nach Bedarf orientieren können, z. B. *Mir hat heute gefallen, dass…* oder *ich habe heute gelernt, dass …*

Im Unterschied zu unseren kritischen Anmerkungen in Bezug auf das »Nachsprechenlassen« von Sätzen geht es an dieser Stelle nicht darum, vorgegebene Satzmuster korrekt zu vervollständigen: das inhaltliche Endergebnis ist völlig offen bzw. bleibt den Schüler/innen überlassen. Sie geben lediglich eine Formulierungshilfe.

Im nächsten Abschnitt widmen wir uns dem Thema »sprachsensible Unterrichtsgestaltung«. Eigentlich wäre das – ähnlich wie die theoretischen Grundlagen zu Spracherwerb und Mehrsprachigkeit – ein Thema für sich. Wir müssen uns daher an dieser Stelle darauf beschränken, anhand von praktischen Beispielen zentrale Merkmale zusammenzufassen und einen Blick in die weiterführende Literatur zu empfehlen.

Sprachsensible Unterrichtsgestaltung

Der Erwerb von Fachwissen im Regelunterricht – sei es z. B. das Plusrechnen in Mathematik oder »Schwimmen und Sinken« im Sachunterricht – verläuft immer über Sprache – in unserem Fall über die deutsche Sprache. Schüler/innen mit Sprachförderbedarf können ihre Sprachkompetenzen also auch im (Fach-)Unterricht sukzessive weiter ausbauen, wenn dieser mit Blick auf die Bedürfnisse der Schüler/innen **sprachsensibel** gestaltet wird.

Der Begriff »sprachsensibler Fachunterricht« geht vor allem auf das von Joseph Leisen entwickelte »Handbuch Sprachförderung im Fach« (Leisen 2013) zurück und hat sich inzwischen im Diskurs zur Vernetzung von Sprachförderung und (Fach-)Unterricht bundesweit etabliert. Sprachsensible Unterrichtsgestaltung bedeutet dabei mehr als der bewusste Umgang mit der eigenen Sprache, wie wir das in den vorangegangenen Kapiteln dargestellt haben. Grundlage (und Herausforderung) einer sprachsensiblen Unterrichtsstunde sind die – in der Regel heterogenen – Sprachkompetenzen der Schüler/innen.

In Kapitel 1.4 (»Sprachliche Anforderungen der Grundschule: Alltagssprache und Bildungssprache«) haben wir dargestellt, dass jede Unterrichtsstunde mit bildungssprachlichen Anforderungen gespickt ist, die z. B. in Lesetexten, Arbeitsanweisungen, Aufgabenstellungen oder Erläuterungen zu fachlichen Inhalten zu finden sind. Sprachliche Hürden verstecken sich dabei sowohl in der mündlichen Lehrersprache bei Arbeitsanweisungen oder Erklärungen (im Folgenden als mündliche Texte bezeichnet) als auch in schriftlichen Texten. Sicherlich verwenden Sie selbst in nahezu allen Fächern Texte unterschiedlicher Länge und Komplexität zur Wissensvermittlung.

So finden sich beispielsweise in Sachkundebüchern viele Fachtexte, denen die Schüler/innen Informationen zu einem bestimmten Thema entnehmen sollen. Aufgrund von bildungssprachlichen Anforderungen haben sprachlich schwächere Schüler/innen manchmal Schwierigkeiten, solche Texte zu verstehen. Sie können die relevanten fachlichen Informationen aus dem Text nicht herauslesen und somit auch die entsprechenden Inhalte nicht erwerben.

Sprachsensibles Unterrichten bedeutet, dass Lehrkräfte für diese sprachlichen Stolpersteine sensibilisiert sind und bereits bei der Unterrichtsplanung Möglichkeiten und Methoden einplanen, die Schüler/innen dabei zu unterstützen, sprachliche Hürden zu meistern. Hierzu werden vorab mündliche und/oder schriftliche Aufgabenstellungen, Arbeitsanweisungen und fachliche Texte in allen Fächern auf komplexe Strukturen und/oder unbekannte Wörter hin überprüft, die Verständnisprobleme verursachen könnten. Wir illustrieren dies im Folgenden an einem Beispiel. Erinnern Sie sich noch an die Aufgabe aus dem Mathematikunterricht, die wir in Kapitel 1.4 (»Sprachliche Anforderungen der Grundschule: Alltagssprache und Bildungssprache«) vorgestellt haben? Falls nicht, haben wir sie hier noch einmal aufgeführt:

Die Schüler der Löwenzahnschule fahren jeden Tag mit dem Schulbus zur Schule. Der Schulbus Nr. 1 hält an 3 Haltestellen. Am Montag steigen an der ersten Haltestelle 8 Schüler in den Bus. An der zweiten Haltestelle kommen 4 Kinder hinzu. Ein Junge steigt aber wieder aus, weil er seinen Turnbeutel zu Hause vergessen hat. An der dritten Haltestelle steigen 3 Kinder ein.
Wie viele Schüler fahren am Montag mit Schulbus Nr. 1 zur Löwenzahnschule?

Wissen Sie noch? Die Schüler Pietro und Robert kamen zu unterschiedlichen Rechenergebnissen, weil Robert nicht verstanden hat, dass die Begriffe *Schüler*, *Kinder* und *Junge* in der Textaufgabe synonym verwendet werden. Mit Blick auf Roberts sprachliche Kompetenzen kann diese Hürde einfach aus dem Weg geräumt werden, indem statt den Synonymen durchgängig der Begriff *Schüler* verwendet wird:

Die Schüler der Löwenzahnschule fahren jeden Tag mit dem Schulbus zur Schule. Der Schulbus Nr. 1 hält an 3 Haltestellen. Am Montag steigen an der ersten Haltestelle 8 Schüler in den Bus. An der zweiten Haltestelle kommen 4 Schüler hinzu. Ein Schüler steigt aber wieder aus, weil er seinen Turnbeutel zu Hause vergessen hat. An der dritten Haltestelle steigen 3 Schüler ein.
Wie viele Schüler fahren am Montag mit Schulbus Nr. 1 zur Löwenzahnschule?

Sprachliche Hürden lassen sich also eliminieren, indem der betreffende Text umformuliert bzw. vereinfacht wird. Die Rechenaufgabe und die zugrunde liegenden mathematischen Kenntnisse bleiben dabei gleich. In heterogenen Klassen sind Vereinfachungen eine gute Methode, um Leistungsdifferenzierungen vorzunehmen. Vereinfachungen von mündlichen oder schriftlichen Texten eigenen sich immer dann, wenn Sie vorab antizipieren können, dass Schüler/innen Schwierigkeiten mit dem Verständnis des Textes haben werden, jedoch keine Unterrichtszeit verfügbar ist, um die im Text enthaltenen sprachlichen Hürden gemeinsam zu besprechen. Kürzere Texte wie die aufgeführte Textaufgabe können schnell und mit weniger Vorbereitungsaufwand vereinfacht werden als längere und komplexere Texte.

Natürlich ist Schülern wie Robert langfristig nicht damit geholfen, dass generell alle sprachlichen Herausforderungen aus dem Weg geräumt werden. Schließlich soll auch er lernen, dass Wörter synonym verwendet werden können, etwa um einen Text abwechslungsreich zu gestalten. Daher zeigen wir im folgenden Abschnitt weitere Alternativen für sprachliche Hilfen auf.

Wenn Sie etwas Unterrichtszeit entbehren möchten, profitieren Schüler/innen mit Sprachförderbedarf im Regelunterricht davon, dass Sie sprachliche Hürden in der Klasse erläutern und besprechen – und zwar bevor diese tatsächlich auftreten.

Wir machen einen kurzen Zeitsprung zurück: In Vorbereitung auf unsere Textaufgabe sammelt die Lehrerin in Pietros und Roberts Klasse zunächst gemeinsam mit den Schüler/innen Wörter, die eine ähnliche Bedeutung haben wie das Wort *Schüler*. Um diese Wörter zu finden, startet sie ein Brainstorming: Welche Eigenschaften hat ein Schüler? Ist er alt oder jung, groß oder klein? Ein Schüler kann ein Junge sein. Mädchen sind aber auch Schülerinnen. Wenn ein Schüler noch jung ist, dann ist er ein Kind. usw.

Die gesammelten Begriffe visualisiert sie an der Tafel. Beim Einführen der Textaufgabe nimmt sie auf die Sammlung Bezug und macht deutlich, dass die gesammelten Wörter in der Textaufgabe vertreten sind.

Diese Methode nimmt natürlich Unterrichtszeit in Anspruch. Deshalb müssen Sie bei der Unterrichtsplanung vorab überlegen, wann und in welchem Umfang ein erläuternder Exkurs zur sprachlichen Hilfe stattfinden kann. Dafür können Sie aber im Nachhinein realistischer einschätzen, ob die Schüler/innen tatsächlich rechnen können oder nicht. Nach Möglichkeit können sprachliche Hilfen für Schüler/innen mit Sprachförderbedarf auch in eine Kleingruppenförderung ausgelagert werden.

Unterstreichen unbekannter Wörter

Eine Methode, die im Zusammenhang mit Textverarbeitung oder sinnentnehmendem Lesen oft eingesetzt wird, ist das Unterstreichen von unbekannten Wörtern durch die Schüler/innen. Anschließend werden diese unbekannten Wörter dann meist im Plenum besprochen und geklärt.
Diese gut gemeinte Methode hat leider auf manche Schüler/innen einen eher negativen Effekt: Durch das Unterstreichen unbekannter Wörter werden die Schüler/innen dazu aufgefordert, eigene Wissenslücken hervorzuheben und vor der ganzen Klasse preiszugeben. Die Defizite der Schüler/innen werden dadurch automatisch in den Vordergrund gerückt. Das kann zur Folge haben, dass Schüler/innen nicht alle Begriffe, die sie nicht verstehen, markieren, weil sie sich z. B. für ihre Wissenslücken schämen.
Hier eine Alternative: Lassen Sie die Schüler/innen die Begriffe unterstreichen, die sie bereits kennen. So erhalten Sie die benötigen Informationen über eventuelle sprachliche Wissenslücken ohne einen defizitären Blickwinkel in den Vordergrund zu rücken.

Als sprachliche Hilfe zu ganzen Unterrichtseinheiten eignet sich die Erstellung eines Wortspeichers. Ein **Wortspeicher** visualisiert wichtige (Fach-)Begriffe, nützliche Wörter und Satzmuster oder Redewendungen zu einer spezifischen Unterrichtseinheit. Die Schüler/innen können den Wortspeicher nutzen, um sich Wortbedeutungen zu erschließen oder um beim Erstellen eigener mündlicher Wortbeiträge oder schriftlicher Texte die richtigen Begriffe und Formulierungen zu finden.

Für die Gestaltung eines Wortspeichers gibt es eigentlich keine festen Regeln. Ein Wortspeicher sollte für die Schüler/innen lesbar und anschaulich visualisiert sein und die enthaltenen Wörter und sprachlichen Wendungen sollten so dargestellt sein, dass sie für die Schüler/innen eine tatsächliche sprachliche Hilfe darstellen. Wir zeigen Ihnen in Abbildung 6, wie ein Wortspeicher in Mathematik zum Thema »Addition« aussehen könnte:

Wortspeicher Addition

die Addition – die Plusaufgabe
plusrechnen – dazuzählen – dazunehmen – addieren
die Summe – das Ergebnis einer Plusaufgabe
1 + 1 = 2 – Eins plus eins ist gleich zwei.
Ich rechne eins plus eins. Mein Ergebnis ist zwei.
Du rechnest eins plus eins. Dein Ergebnis ist zwei.
Wir rechnen eins plus eins. Unser Ergebnis ist zwei.

Abbildung 6: Wortspeicher zum Thema »Addition«

Die Auswahl der Wörter, Begriffe und Formulierungshilfen für einen Wortspeicher sind abhängig vom Thema, Sie müssen sie daher auf die verwendeten Unterrichtsmaterialien und Schulbücher abstimmen. Ein Wortspeicher sollte nicht zu umfangreich sein, jedoch die für ein Thema relevanten Begriffe enthalten.

Besonders für Schüler/innen, die Deutsch als Zweitsprache erwerben, ist es wichtig, dass die zu den aufgeführten Begriffen passenden Artikel im Wortspeicher enthalten sind. Formulierungshilfen können in der Grundform und in einer oder mehreren gebeugten Formen angegeben werden (s. o.). Ein Wortspeicher kann auf einem Plakat dargestellt sein, das Sie selbst in Vorbereitung oder gemeinsam mit den Schüler/innen erstellen.

Etablieren Sie nach Möglichkeit ein Wortspeicher-Merkheft in Ihrer Klasse, in das der jeweils erarbeitete Wortspeicher von allen Schüler/innen selbst eingetragen wird. Wenn die Schreibkompetenzen der Schüler/innen dafür noch nicht ausreichend gefestigt sind, können Sie den Wortspeicher auch auf vorbereiteten Kopien austeilen, die die Schüler/innen dann in das Merkheft einkleben.

Ältere und sprachlich fortgeschrittene Schüler/innen, die im Umgang mit Wortspeichern vertraut sind, können Sie dazu anleiten, selbst individuelle Wortspeicher nach ihren Bedürfnissen zu erstellen.

Zur Gestaltung sprachlicher Hilfen

Die Entscheidung, in welchem Umfang sprachliche Hilfen zur Verfügung gestellt werden oder ob sprachliche Vereinfachungen vorgenommen werden, fällt in heterogenen Klassen oftmals schwer. Als Lehrkraft möchten Sie schließlich möglichst allen Schüler/innen und deren Bedürfnissen gerecht werden, d.h. die sprachlich schwächeren Schüler/innen nicht überfordern, die sprachlich stärkeren aber auch nicht unterfordern. Eine Art Faustregel lautet daher: So wenig wie möglich, aber so viel wie nötig!
Eine weitere Faustregel besagt: Sprachliche Hilfen werden minimal über dem sprachlichen Kompetenzniveau der Schüler/innen angesiedelt. Orientieren Sie sich an den sprachlich schwächsten Schüler/innen, die am meisten Unterstützung benötigen. Je nach Auswahl der Unterstützungsmethode können sprachliche Hilfen differenziert und nach Bedarf ausgegeben werden.
Der Vorteil: Wortspeicher sind eine gute Hilfe für die sprachlich schwächeren Schüler/innen Ihrer Klasse. Und: Die fortgeschrittenen Schüler/innen werden durch Wortspeicher nicht im Lernprozess behindert.

Wie Sie an den beschriebenen Beispielen sehen können, bedeutet sprachsensibler Unterricht zunächst einmal Mehrarbeit für Sie. Sobald Sie allerdings verinnerlicht haben, welche sprachlichen Hürden Ihren Schüler/innen grundsätzlich im Weg stehen und welche Hilfen Sie generell anbieten können, lässt sich dieses Wissen auf alle Fächer und Situationen im Unterricht anwenden und so immer wieder nutzen. Das bedeutet auch, dass Sie mit der Zeit immer weniger Arbeit damit haben werden.

Im nächsten Kapitel möchten wir über den sprachsensiblen Unterricht hinausgehen und Methoden der Sprachförderung vorstellen, die sich für unterschiedliche Organisationsformen und Zielgruppen eignen. Wir hoffen, dass Sie diese Methoden anhand der illustrierten Beispiele gut auf Ihre eigenen Bedürfnisse übertragen können.

4.3 Methoden der Sprachförderung

Unabhängig von der Auswahl konkreter Spiele oder Materialien (vgl. Kapitel 4.5 »Auswahl von Materialien für die Sprachförderung«) existieren unterschiedliche grundlegende Herangehensweisen an die Sprachförderung.

Bedeutungs- oder formfokussierende Methoden der Sprachförderung

Sie haben in der Sprachförderung grundsätzlich die Möglichkeit, entweder den Inhalt (d.h. ein bestimmtes Thema) oder die Form (d.h. bestimmte grammatische Strukturen) in den Mittelpunkt zu stellen – je nachdem, wie Sie vorgehen, greifen Sie also auf eine bedeutungs- oder formfokussierende Methode zurück.

Knüpfen Sie in der Sprachförderung an die Idee des **bedeutungsfokussierten Ansatzes** an, erfolgt die Förderung sprachlicher Strukturen implizit, also ohne, dass die Schüler/innen gezielt auf die sprachliche Strukturen hingewiesen werden, die es zu lernen gilt. Eine bedeutungsfokussierte Sprachfördereinheit wird in einen inhaltlichen Kontext eingebettet, der zu Themen aus dem Regelunterricht passt oder sich an den Interessen der Förderkinder orientiert. Die zu fördernde sprachliche Struktur wird durch Interaktion und Kommunikation vermittelt. Ein Beispiel zum Thema »Verbbeugung«:

Bei den Kindern aus der Fördergruppe von Frau Bender-Hofmann dreht sich – so wie auch auf dem Pausenhof – gerade alles um Pokémon, die aus Japan stammenden Fantasiewesen, die man unter anderem mit einer Smartphone-App einfangen und in Arenen gegeneinander antreten lassen kann. Frau Bender-Hofmann greift das aktuelle Lieblingsthema Ihrer Schüler/innen auf und spricht mit ihnen darüber, welches Pokémon sich wie bewegt. Dabei passt Frau Bender-Hofmann ihr Sprachverhalten so an, dass möglichst viele unterschiedliche Verbformen in ihrem Sprachangebot auftauchen. Darüber hinaus regt sie die Schüler/innen durch gezielte Fragen dazu an, selbst Verben in verschiedenen Formen zu produzieren. Entscheidend ist hier, dass die Schüler/innen nicht explizit dazu aufgefordert werden, Verben (in bestimmten Formen) zu verwenden, sondern dass ihre Aufmerksamkeit unbewusst und über das Interesse am inhaltlichen Thema auf die sprachliche Struktur gelenkt wird.

Wählt man hingegen einen **formfokussierten Sprachförderansatz**, steht die Vermittlung spezifischer sprachlicher Strukturen – in unserem Fall die Beugung von Verben – explizit im Vordergrund. In einer formfokussierten Sprachförderung erläutern Sie, welche Regeln der deutschen Verbbeugung zugrunde liegen. Die Schüler/innen lernen diese Regeln und üben, sie sowohl auf bekannte als auch unbekannte Verben anzuwenden.

Für die Auswahl der passenden Methodik sind die Sprachfördergruppe selbst und der Sprachstand der Schüler/innen das entscheidende Kriterium. Die Entscheidung für eine der beiden methodischen Herangehensweisen ist abhängig vom sprachlichen und kognitiven Entwicklungsstand sowie vom Alter der Schüler/innen: Für jüngere Schüler/innen oder Schüler/innen mit sehr geringen Sprachkenntnissen kann eine formfokussierte Herangehensweise zu schwierig sein, da den Schüler/innen die sprachlichen Mittel fehlen, um die Regeln der sprachlichen Strukturen verstehen und anwenden zu können. Ältere und sprachlich fortgeschrittene Schüler/innen interessieren sich manchmal sehr für die Regeln, die der sprachlichen Struktur zugrunde liegen, und bringen Vorkenntnisse mit, so dass eine formfokussierte Herangehensweise geeignet erscheint. Beide Methoden können auch flexibel als Mischform angewandt werden.

Wichtig ist: Sie können nicht davon ausgehen, dass gelerntes Regelwissen unmittelbar in anwendbares, erworbenes Wissen umgewandelt werden kann und umgekehrt. Das beste Beispiel dafür sind vermutlich Sie selbst: Sie können vielleicht fließend

Deutsch sprechen, aber können Sie deshalb wirklich alle Regeln explizit benennen, die der deutschen Sprache zugrunde liegen? Gleiches trifft natürlich auch auf die Schülerinnen und Schüler in der Sprachförderung zu: Wenn Kinder beispielsweise die vier grammatischen Fälle im Deutschen, d. h. *Nominativ*, *Dativ*, *Akkusativ* und *Genitiv* benennen können, bedeutet das nicht automatisch, dass sie auch in der Lage sind, diese Fälle in der gesprochenen und/oder geschriebenen Sprache fehlerfrei anzuwenden.

Auch bei der Sprachförderung und entsprechend bei der Auswahl einer bedeutungs- oder formfokussierten Methode gilt, was auf vermutlich jede Lernsituation im Allgemeinen zutrifft: Je größer das Interesse und die Aufmerksamkeit des Lerners, desto größer ist auch die Chance, Neues zu behalten bzw. sprachliche Strukturen abzuspeichern.

Lernszenariendidaktik

Eine offene Unterrichtsmethode, die sich sehr gut zur sprachlichen Differenzierung anbietet, stellt die Lernszenariendidaktik dar (z. B. Hölscher et al. 2006). Ihr liegt das Prinzip »Sprachzuwachs durch Sprachanwendung« zugrunde. Damit orientiert sich diese Methode am natürlichen Sprach(en)erwerbsverlauf (vgl. Kapitel 1 »Spracherwerb, sprachliche Bildung und Sprachförderung am Übergang Kita – Grundschule«).

In der Lernszenariendidaktik werden eine Unterrichtsstunde oder auch mehrere zu einer Themeneinheit zusammengefasste Stunden unter ein spezifisches Kernthema gestellt. Dieses Kernthema wird je nach Bedarf aus Themen aus dem Erfahrungs- oder Erlebnisbereich der Schüler/innen, spannenden Literatur-, Sach- oder Fachtexten oder aus aktuellen Unterrichtsinhalten in spezifischen Fächern generiert.

Zum Kernthema werden verschiedene relevante Informationen zusammengetragen, indem die Schüler/innen alleine, in Lerntandems oder auch in kleineren oder größeren Gruppen Aufgaben bearbeiten. Diese Aufgaben sind so zusammengestellt, dass sie sowohl produktive als auch rezeptive sprachliche Kompetenzen der Schüler/innen erfordern.

Die Ergebnisse, die einzelne Schüler/innen oder Gruppen zusammentragen, werden in der gesamten Klasse vorgestellt und reflektiert. Die Sprachanwendung verfolgt gleich zwei kommunikative Zwecke: Zum einen wird Sprache benötigt, um das Kernthema inhaltlich aufzubereiten. Zum anderen verwenden die Schüler/innen Sprache, um das gemeinsame Lösen der Aufgaben zu koordinieren. Zur Veranschaulichung haben wir für Sie verschiedene Lernszenarien zum Thema »Der Winter« zusammengestellt:

- Wörter-Brainstorming an der Tafel zum Thema »Der Winter«
- Sammlung von Wörtern in den Erstsprachen der Schüler/innen zum Thema »Der Winter«
- Wortschatzkartei/Wörterheft anlegen

- »Meine fünf wichtigen Winter-Wörter« aufschreiben und bildlich zusätzlich erklären
- Memory zum Thema basteln
- Interview zum Thema »Was machst du, wenn es schneit?« mit Klassenkameraden oder der Parallelklasse durchführen
- Quiz erstellen
- Falschaussagen in einem Informationstext zum Thema »Der Winter« finden
- Lügentext verfassen
- Richtig-falsch-Übung erstellen
- Winter-Lied über Kopfhörer lernen
- Winter-Bild malen und einem anderen Schüler beschreiben
- ABCdarium zum Thema »Der Winter« erstellen
- Referat über ein Land, in dem es lange kalt bzw. immer Winter ist
- Suchrätsel, Kreuzworträtsel zum Thema »Der Winter« erstellen
- wichtige Winter-Wörter finden und erklären
- Steckbriefe zu Tieren im Winter erstellen
- Auszug aus dem Tagebuch eines Schneemanns verfassen
- Lektüre eine Buchs passend zum Thema und anschließende Nacherzählung (z. B. »Frederick« von Leo Lionni)

Die Schüler/innen entscheiden selbst, welche der angebotenen Aufgabenformate sie bearbeiten möchten. Dabei können Sie natürlich beratend und unterstützend zur Seite stehen. Falls eine Schülerin oder ein Schüler eine sprachlich zu komplexe Aufgabe für sich auswählt, haben Sie die Möglichkeit, unterstützend sprachliche Hilfen zur Verfügung stellen. Vielleicht meldet sich aber auch ein sprachlich fortgeschrittener Schüler für die gleiche Aufgabe, der dem schwächeren Schüler bei der Lösung der Aufgabe helfen kann?

Damit sich die Schüler/innen mit einer Aufgabe nicht vollständig übernehmen und die Gefahr besteht, dass sie Frustrationserlebnisse erleiden, können Sie die Auswahl der Aufgaben sensibel beeinflussen und lenken.

Die Lernszenariendidaktik lässt sich in allen Fächern flexibel einsetzen und ermöglicht leistungsdifferenziertes Arbeiten. Die Schüler/innen erweitern ihr Wissen zu einem Kernthema und versprachlichen diesen Wissenszuwachs.

Da das übergeordnete Thema der Unterrichtseinheit im Fokus steht, können fachlich-inhaltliche Ergebnisse korrigiert werden. Sprachliche Korrekturen sollten feinfühlig und implizit, z. B. durch korrektives Feedback vorgenommen werden (vgl. Kapitel 4.1 »Qualitätskriterien für Sprachförderung«). Die Korrektur schriftlicher Texte kann in der Lernszenariendidaktik als Kommunikationsanlass genutzt werden. Die Lerngruppen werden selbst redaktionell tätig und handeln gemeinsam eine Überarbeitung der Texte aus.

Scaffolding

Das Prinzip des Scaffoldings können wir nur in Grundzügen vorstellen. Es vereint und systematisiert aber viele Aspekte des sprachsensiblen und sprachbewussten Unterrichts, die wir bereits in den vorangegangenen Kapiteln skizziert haben.

Scaffolding stellt ein komplexes Unterstützungssystem für Schüler/innen dar, deren Erstsprache sich von der Unterrichtssprache unterscheidet. Ziel des Scaffoldings ist es, Schüler/innen durch vorübergehende Hilfestellungen darin zu unterstützen, sich neue sprachliche und fachliche Fähigkeiten zu erschließen (vgl. z. B. Gibbons 2002).

Scaffolding setzt sich aus vier Bausteinen zusammen: einer Bedarfsanalyse, einer Lernstandsanalyse, der Unterrichtsplanung und der Unterrichtsinteraktion (Kniffka 2010). Die Umsetzung des Scaffoldings beginnt also bereits bei der Unterrichtsvorbereitung und konkreten Planung.

Zunächst ermittelt die Lehrkraft in einer Bedarfsanalyse die sprachlichen Anforderungen der bevorstehenden Unterrichtsstunde oder Unterrichtseinheit – z. B. welche Fachbegriffe eingeführt werden oder ob spezifische komplexe sprachliche Strukturen zum Einsatz kommen. In einem zweiten Schritt wird in der Lernstandsanalyse ermittelt, welche Kompetenzen die Schüler/innen mitbringen und inwieweit diese Kompetenzen sich von den sprachlichen Anforderungen der Unterrichtsstunde unterscheiden.

Die Lehrkraft versucht dabei, die Lücke zwischen dem, was die Schüler/innen bereits können, und den sprachlichen und fachlichen Anforderungen des Unterrichts zu schließen, indem spezifische Unterstützungsmaterialien und didaktische Hilfestellungen für die Schüler/innen eingeplant und bereitgestellt werden. Dazu muss sie den Sprachstand der Schüler/innen möglichst genau kennen. Die sprachlichen Anforderungen des Unterrichts werden für die einzelnen Schüler/innen so angesiedelt, dass diese mit Hilfe des Unterstützungssystems gemeistert werden können. Der sprachliche Schwierigkeitsgrad von Unterrichtsinhalten und den dazu passenden Aufgaben und Arbeitsaufträgen wird demnach leicht über dem sprachlichen Kompetenzniveau der Schüler/innen angesiedelt.

Bei der eigentlichen Unterrichtsplanung werden dann entsprechende sprachliche Hilfen ausgewählt, die die Diskrepanz zwischen sprachlichen Anforderungen einer Unterrichtseinheit und dem Sprachstand der Schüler/innen überbrücken. Dazu können z. B. Wortspeicher hergestellt und Aufgaben sprachlich vereinfacht werden [vgl. Kapitel 4.2 »Sprachsensibler (Fach-)Unterricht«]. Darüber hinaus wird auch möglichst konkret geplant, welchen Input die Schüler/innen erhalten.

Beim Scaffolding geht es nicht nur darum, die Schüler/innen bei der Bewältigung sprachlicher Hürden zu unterstützen. Im Fokus steht vielmehr der sprachliche Lerneffekt und das Ziel, den Schüler/innen sprachliche Anregungen und Impulse zur Verfügung zu stellen, damit sie in der Unterrichtsstunde ihre sprachlichen Kompetenz weiterentwickeln.

Die Unterrichtsinteraktion spielt dabei eine zentrale Rolle. Zusätzlich zu den in der Unterrichtsplanung vorgesehenen sprachlichen Hilfen und Sprachanregungen durch spezifischen Input wird die Unterrichtsinteraktion möglichst sprachförderlich gestaltet. Beispielsweise kann die Unterrichtsinteraktion sowohl von Seiten der Lehrkraft, als auch von Seiten der Schüler/innen insgesamt verlangsamt werden, damit Schüler/innen mit Sprachförderbedarf mehr Zeit haben, um den sprachlichen Input verarbeiten und selbst sprachliche Äußerungen formulieren zu können. Weitere Merkmale der Interaktion sind aktives Zuhören, korrektives Feedback und das Kreieren authentischer Kommunikationssituationen (Gibbons 2002).

Spätestens an dieser Stelle wird klar: Für eine vollumfängliche und konsequente Umsetzung von Scaffolding muss bei der Unterrichtsvorbereitung mehr Zeit investiert werden. Besonders bei sprachlich heterogenen Klassen kann die Umsetzung für alle Schüler/innen sehr aufwendig sein. Aber auch hier gilt: Nach etwas Übung werden die verschiedenen Bausteine des Scaffoldings zunehmend automatisiert. Der größere Zeitaufwand für die Unterrichtsvorbereitung wird sich dementsprechend auch wieder verringern.

Wer sich also nicht gleich an die Umsetzung aller Bausteine des Scaffoldings wagen möchte, kann sich dem Prinzip auch annähern, indem zunächst einzelne Umsetzungsprinzipien bei der Unterrichtsplanung berücksichtigt werden, die dann nach Bedarf durch weitere Aspekte ergänzt werden können. Im Folgenden geben wir Ihnen ein paar Beispiele für Sprachförderung in bestimmten Organisationsformen mit auf den Weg, in denen jeweils der Einsatz einzelner Prinzipien oder Methoden besonders sinnvoll ist.

4.4 Beispiele für Sprachförderung im Regelunterricht und in der Kleingruppe (Best Practice)

In den folgenden Abschnitten skizzieren wir einige inhaltliche Best-Practice-Beispiele für unterschiedliche Organisationsformen der Sprachförderung. Wir geben dann einige Hinweise zum Thema »Materialien für die Sprachförderung«. Den letzten Abschnitt dieses Kapitels widmen wir der Löwenzahn-Schule: Wir beschreiben, in welcher Form das in Kapitel 3.3 (»Organisation der Sprachförderung an der Löwenzahn-Grundschule«) skizzierte organisatorische Grundgerüst für die Sprachförderung mit Inhalten gefüllt wurde.

Spezifische Sprachförderung für Seiteneinsteiger/innen

Seiteneinsteiger/innen treten meist erst mit der Einschulung in kontinuierlichen Kontakt mit der deutschen Sprache. Bereits in Kapitel 3.1 (»Organisationsformen von Sprachförderung«) haben wir beschrieben, dass es deshalb notwendig ist, diesen Kindern eine möglichst intensive Sprachförderung anzubieten – natürlich abhängig von den an Ihrer Schule zur Verfügung stehenden Ressourcen.

Egal welche Organisationsform der Sprachförderung für Seiteneinsteiger/innen zugrunde liegt, sollte der Schwerpunkt auf der impliziten Vermittlung sprachlicher Basiskompetenzen liegen. Dazu gehören vor allem die Förderung eines Grundwortschatzes, der sich an alltagsrelevanten Themenfeldern orientiert – z. B. wichtige Begriffe aus dem Schulalltag (*das Heft, der Stift, die Tafel, die Hausaufgaben*) sowie das langsame Heranführen an einfache Satzstrukturen.

In verschiedenen Rahmencurricula für DaZ-Schüler/innen sind Vorschläge für sprachliche Handlungs- bzw. Themenfelder dargestellt, z. B. »Mein Körper«, »Tiere« oder »In der Schule«.[11] Auch wenn diese Rahmencurricula nicht explizit für die Förderung von Seiteneinsteiger/innen formuliert wurden, stellen sie doch eine sehr gute Orientierungshilfe für die inhaltliche Gestaltung der Sprachförderung von Seiteneinsteiger/innen dar. Denn es ist durchaus sinnvoll, der Wortschatzarbeit ein Curriculum zugrunde zu legen, in dem relevante Themenfelder festgelegt und der dazugehörige Wortschatz – bestehend aus Nomen, Verben und Adjektiven – skizziert ist. Das Curriculum kann auch ganze Phrasen enthalten, die in der Sprachförderung besonders im Fokus stehen werden. Wir haben ein Beispiel am Themenfeld »Mein Körper« skizziert:

- **Nomen:** *die Hand, der Fuß, das Bein, der Arm, der Kopf, das Auge, der Mund, die Nase*
- **Verben:** *laufen/gehen, riechen, sehen, schmecken, sprechen, anfassen, anziehen, ausziehen*
- **Adjektive:** *groß, klein, dick, dünn, alt, jung*
- **Phrase:** *Mir geht es gut/schlecht.*

Bei der Auswahl von Themenfeldern müssen Sie überlegen: Welchen Wortschatz sollten die Schüler/innen besonders schnell erwerben, um ihre Bedürfnisse ausdrücken zu können und sich im Schulalltag zurechtzufinden? Hilft es den Schüler/innen wirklich, wenn sie verschiedene Tierarten benennen können, obwohl sie die Begriffe für ihre Schulsachen noch nicht kennen?

Versuchen Sie sich dazu in die Lage der Schüler/innen hineinzuversetzen: Wenn Sie sich in einem fremden Land aufhalten, dessen Sprache Sie nicht beherrschen: Was würden Sie gerne als Erstes lernen, um am sozialen Leben teilzuhaben?

Für die Wortschatzauswahl gilt zunächst: Weniger ist mehr, wie Sie an unserem Beispiel »Mein Körper« sehen. Begriffe wie *der Knochen* oder *die Lunge* gehören natürlich genauso zu diesem Themenfeld wie *der Arm* oder *die Hand*. Aber solche Begriffe werden die Schüler/innen auch zu einem späteren Zeitpunkt noch lernen können.

---

11 Vgl. z. B. »Deutsch als Zweitsprache in der Grundschule« (Ministerium für Kultus, Jugend und Sport 2009.) oder »Rahmenrichtlinien Deutsch als Zweitsprache« (Niedersächsisches Kultusministerium 2002).

Bestandteil eines solchen Curriculums kann auch ein grober Zeitplan sein, der vorsieht, wie viel Zeit die jeweiligen Themenfelder in Anspruch nehmen werden. Dieser Zeitplan dient vornehmlich als Orientierungshilfe für Sie und muss dann individuell auf die Lernfortschritte der Schüler/innen angepasst werden. Je nach Vorkenntnissen kann es sein, dass manche Themenfelder schneller aufgenommen werden oder aber auch länger im Fokus der Sprachförderung stehen müssen, bis die Schüler/innen den Wortschatz erworben haben.

Passend zum Curriculum haben Sie im Vorfeld die Möglichkeit, geeignete Materialien auszuwählen. Diese sollten ebenfalls möglichst alltagsnah und authentisch sein. Sicherlich gibt es zahlreiche Bücher oder Bildkarten zum Thema »Körper«. Spannender wird es aber, wenn die Wortschatzarbeit an realen Gegenständen bzw. Körperteilen erfolgt.

Da Seiteneinsteiger/innen am Anfang des Spracherwerbsprozesses im Deutschen stehen, werden sie selbst noch wenig Output produzieren. Daher wird die Sprachförderung für Seiteneinsteiger/innen besonders in den ersten Wochen vornehmlich durch Ihr Sprachverhalten gestaltet. Das bedeutet, Sie bieten den Schüler/innen möglichst viel Input an.

Möglicherweise fungieren Sie also erst einmal als »Alleinunterhalter«, was manchmal ein wenig frustrierend sein kann. Lassen Sie sich nicht entmutigen und geben Sie sich und vor allem den Schüler/innen Zeit! Viele Seiteneinsteiger/innen brauchen erfahrungsgemäß eine Weile, bis sie sich trauen, neu gelernte Kompetenzen anzuwenden. Die Ursachen dafür sind nicht immer nur in mangelnder Sprachkompetenz zu suchen, sondern auch bedingt durch (mitunter traumatische) Erfahrungen, die diese Kinder gemacht haben. Wenn es Ihnen gelingt, eine angstfreie und vertrauensvolle Atmosphäre in der Sprachförderung zu schaffen, werden sich bald schon erste Fortschritte bemerkbar machen.

Sprachförderung in leistungshomogenen Kleingruppen

Für die Arbeit mit leistungshomogenen Kleingruppen ist es sinnvoll, eine Art Förder-Curriculum auf Basis des Sprachstands der Schüler/innen zu entwickeln. Durch Ergebnisse der Sprachstandserhebung (vgl. Kapitel 3.2 »Sprachstandseinschätzung«) können Sie identifizieren, in welchen sprachlichen Bereichen die Schüler/innen der Kleingruppe Unterstützung benötigen und welche nächsten Entwicklungsschritte sie beim Erwerb des Deutschen typischerweise durchlaufen. So lässt sich eine sinnvolle Reihenfolge der zu fördernden sprachlichen Bereiche für alle festlegen, da die sprachlichen Kompetenzen der Kinder ähnlich sind.

Für die zielsprachliche Verwendung von Präpositionalphrasen (*Das Buch liegt auf dem Tisch*) müssen Kinder beispielsweise die grammatischen Fälle »Akkusativ« und – je nach Präposition – »Dativ« verwenden können. Möchte man diesen sprachlichen Bereich fördern, bietet es sich an, die Schüler/innen zunächst in der Verwendung der beiden grammatischen Fälle zu stärken. In einem nächsten Schritt können dann gezielt Übungen und Aktivitäten zu Präpositionen im Fokus stehen.

Bei der Förderung spezifischer sprachlicher Bereiche ist es sinnvoll, drei Schritte zu durchlaufen:

- In einem ersten Schritt machen Sie die Schüler/innen mit der zu fördernden sprachlichen Struktur vertraut, indem Sie die Struktur möglichst variationsreich, kontrastierend und wiederholend in Ihren Input einbauen (vgl. Kapitel 4.1 »Qualitätskriterien für Sprachförderung«).
- Anschließend regen Sie die Schüler/innen an, die Struktur selbst anzuwenden, bieten jedoch auch weiterhin ihrerseits den entsprechenden Input an.
- In einem dritten Schritt nehmen Sie sich als Sprachvorbild weiter zurück und versuchen zunehmend, die Strukturen aus den Schüler/innen »herauszukitzeln«: die Schüler/innen produzieren den Output. Dabei können Sie überprüfen, inwieweit die Förderung bereits Früchte getragen hat.

Erinnern Sie sich an dieser Stelle noch einmal an den Unterschied zwischen form- und bedeutungsfokussierender Sprachförderung (vgl. S. 88 ff.). In unserem Beispiel hier wird der zu fördernde sprachliche Bereich nicht explizit zum Thema gemacht – es handelt sich also um einen bedeutungsfokussierenden Ansatz. Prinzipiell kann jeder sprachliche Bereich mit nahezu jedem inhaltlichen Thema gefördert werden. So haben Sie auch die Möglichkeit, Themen aus dem Regelunterricht – z. B. aus dem Fach Sachkunde – in die zusätzliche Sprachförderung zu integrieren.

Ein Beispiel: Während im Sachkundeunterricht »Schwimmen und Sinken« erforscht wird, können Sie in der Sprachförderung ebenfalls Experimente zu diesem Thema durchführen. Dabei können Sie durch ihr Sprachverhalten sowie durch die Auswahl der thematisch passenden Aktivitäten steuern, welcher sprachliche Bereich besonders in den Fokus gerückt wird. Um bei den Präpositionen zu bleiben: *Gegenstände legt man in das Wasser, sie schwimmen auf dem Wasser, sie sinken unter die Wasseroberfläche und werden aus dem Wasser herausgeholt.*

Der Vorteil an dieser Herangehensweise ist, dass Wortschatzbereiche aus dem Regelunterricht als Gratiseffekt mitgefördert werden. Davon profitieren die Schüler/innen besonders dann, wenn sie für die Sprachförderung aus dem Regelunterricht herausgeholt werden müssen.

Klassenübergreifende Kleingruppen bieten die Möglichkeit, die Sprachförderung inhaltlich mit dem Regelunterricht zu vernetzen, indem Themen aus bestimmten Fächern (z. B. Sachkunde) aufgegriffen werden. Dafür ist es nicht unbedingt notwendig, dass die Klassen einer Stufe parallel arbeiten. Vielmehr können Themen, die im Laufe eines Schuljahres in der jeweiligen Klassenstufe relevant sind, auch in die Kleingruppenförderung integriert werden. In stufenübergreifenden Sprachfördergruppen ist es vergleichsweise schwieriger, eine gemeinsame thematische Schnittmenge zu finden (vgl. Kapitel 3.3 »Organisation der Sprachförderung an der Löwenzahn-Schule«).

Sprachförderung im Regelunterricht

Anders als in spezifischen Sprachfördergruppen nehmen am Regelunterricht alle Schüler/innen einer Klasse teil und bringen individuelle sprachliche Voraussetzungen mit. Diese Tatsache macht es im Vergleich zur Kleingruppenarbeit deutlich schwieriger, gezielt und kontinuierlich bestimmte sprachliche Strukturen im Unterricht zu fördern. Denn bereits bei der Auswahl von Förderschwerpunkten stoßen Sie in sehr heterogenen Klassen an ihre Grenzen.

Hinzu kommt, dass im Regelunterricht die Vermittlung von Bildungsstandards im Fokus stehen muss. Je nach Klassenstufe und Unterrichtsfach bleibt zu wenig Zeit für die Integration spezifischer Fördermaßnahmen.

Sprachförderung im Regelunterricht verfolgt also eine andere Zielsetzung als Sprachförderung in Kleingruppen. Nicht der zu fördernde sprachliche Bereich steht im Fokus der Förderung, sondern der zu vermittelnde Unterrichtsinhalt. Da die Vermittlung von Unterrichtsinhalten jedoch (meistens) über Sprache erfolgt, bietet der Regelunterricht durchaus viele Möglichkeiten, um Schüler/innen beim Erwerb des Deutschen zu unterstützen, sei es durch die Gestaltung sprachlicher Hilfen im Rahmen eines sprachsensiblen Unterrichts (vgl. S. 84) oder durch die Einführung einer Lernszenariendidaktik (vgl. S. 90) und/oder Prinzipien des Scaffolding (vgl. S. 92).

In den vorangegangenen Kapiteln haben wir Ihnen gezeigt, dass die bewusste und aktive Gestaltung von Kommunikationssituationen der Schlüssel zur effektiven Sprachförderung ist. Dazu benötigen Sie in erster Linie Ihr eigenes Sprachverhalten als »Handwerkszeug«. Die beschriebenen Beispiele machen aber auch deutlich, dass Sie sicherlich nicht ganz ohne den Einsatz von Materialien auskommen werden. Daher geben wir Ihnen im nächsten Abschnitt einige grundlegenden Hinweise zur Auswahl von Materialien für die Sprachförderung

4.5 Auswahl von Materialien für die Sprachförderung

Auf dem Markt existieren inzwischen nahezu unzählige kostenpflichtige Materialien für den Einsatz in der Sprachförderung. Dazu kommen zahlreiche Verlage und Webseiten, die kostenloses Material zur Verfügung stellen.

Doch wer die Wahl hat, hat auch die Qual – angesichts einer riesigen Fülle und Bandbreite an Materialien für die Sprachförderung stellt die Auswahl geeigneter Bücher, Arbeitsblätter oder Aktivitäten durchaus eine Herausforderung dar. Im folgenden Kapitel werden wir Ihnen daher einige Kriterien aufzeigen, die Ihnen den Umgang mit dieser »Materialflut« bzw. die Auswahl etwas erleichtern sollen.

Vorab müssen wir aber auch an dieser Stelle noch einmal deutlich machen: Effektive Sprachförderung ist zunächst einmal materialunabhängig. Auch macht das Vorhandensein guter Materialien eine Situation nicht automatisch sprachförderlich.

Viel wichtiger als der Einsatz spezifischer Materialien ist es, dass Sie durch Ihr eigenes Sprachverhalten, d. h. durch gezielte Fragetechniken, die Anwendung von korrektivem Feedback und dem Einsatz sprachförderlicher Methoden Situationen schaffen, die den Spracherwerb begünstigen (vgl. Kapitel 1.2 »Unterschiedliche Erwerbssituationen und deren Einfluss auf den Spracherwerb«). Daher haben wir auch in den vorangegangen Kapiteln so viel Wert darauf gelegt, verschiedene Aspekte und Methoden zu beschreiben, die dazu beitragen, allgemeine Kommunikationssituationen oder eine Unterrichtsstunde sprachförderlich zu gestalten [vgl. Kapitel 4.1 »Qualitätskriterien für Sprachförderung«, Kapitel 4.2 »Sprachsensibler (Fach-)Unterricht« sowie Kapitel 4.3 »Methoden der Sprachförderung«].

Idealerweise bereiten Sie jede Sprachfördersituation – ganz gleich, ob es sich um eine additive Kleingruppenförderung oder Sprachförderung im Regelunterricht handelt – sorgfältig vor, so wie auch der Mathematik- oder Sachkundeunterricht im Vorfeld geplant und strukturiert wird.

Und wie jegliche Unterrichtsvorbereitung ist auch die Planung der Sprachförderung mit Aufwand verbunden und kostet Zeit. Gerade weil die Ausgangsvoraussetzungen von Schüler/innen mit Sprachförderbedarf sehr heterogen sein können, ist es unrealistisch, DAS EINE Sprachförderbuch oder DIE IDEALE Sprachförderkiste zu identifizieren, die als »Wunderwaffe« für alle Schüler/innen gleichermaßen eingesetzt werden kann.

Grundsätzlich haben Sie die Möglichkeit, Materialien aller Art zu Sprachfördermaterialien umzufunktionieren, indem Sie die begleitende Kommunikation sprachförderlich gestalten und/oder sprachliche Hilfen formulieren.

Wie für andere Lernsituationen gilt auch in der Sprachförderung, dass möglichst alltagsnahe, authentische Materialien, die verschiedene Sinneswahrnehmungen (Hören, Sehen, Fühlen, Schmecken) ansprechen, die Aufmerksamkeit der Schüler/innen erhöhen und damit auch den Spracherwerbsprozess positiv beeinflussen.

Um Sprechanlässe zu schaffen reicht es also in der Regel aus, Materialien zu finden, die das Interesse der Schüler/innen wecken und über die es sich aus Sicht der Schüler/innen zu sprechen lohnt. Für Sprachförderung in Kleingruppen kann dies ein Wimmelplakat bzw. Wimmelbilderbuch sein oder aber reale Gegenstände, die zu einem bestimmten Thema passen.

Im Sachkundeunterricht können – wie bereits beschrieben – Experimente durchgeführt werden, bei denen die Schüler/innen bestimmte fachliche Aspekte selbst erfahren können. Die Sprechfreude der Schüler/innen wird beim Thema »Schwimmen und Sinken« sicher mehr geweckt, wenn reale Gegenstände in einer Wasserschüssel zum Schwimmen oder Sinken gebracht werden, als wenn ein schwarz-weiß kopiertes Arbeitsblatt betrachtet wird, auf dem die fachlichen Inhalte zum Thema zusammengefasst sind. Selbstverständlich bieten viele explizit für die Sprachförderung erstellte (und käuflich erwerbbare) Materialien eine gute Hilfestellung, um den Vorbereitungsaufwand sowie die Umsetzung sprachförderlicher Aktivitäten zu vereinfachen. Sie tun das vor allem dadurch, dass sie in der Regel einem inhaltlichen Thema (z. B. »Mein

Körper«, »In der Schule«) oder einem spezifischen sprachlichen Bereich (z.B. Einzahl – Mehrzahl, Präpositionen etc.) zugeordnet sind.

Welche Materialen für Sie und Ihre Schule am besten geeignet sind, hängt in erster Linie vom Alter, dem kognitiven Entwicklungsstand sowie den sprachlichen Kompetenzen der Schüler/innen und den daraus resultierenden Zielen für die Sprachförderung ab. Schüler/innen, die noch zu Beginn des Deutscherwerbs stehen, benötigen schnellstmöglich einen Grundwortschatz, um ihre alltäglichen Bedürfnisse mitteilen zu können. Für solche Schüler/innen wie auch für Schüler/innen aus den ersten Klassenstufen können an Basisthemen orientierte Materialien sehr hilfreich sein. Für weiter fortgeschrittene Schüler/innen ist es je nach Sprachstand sinnvoll, spezifische sprachliche Bereiche zu fokussieren und Materialien auszuwählen, die eben diese Bereiche in den Mittelpunkt stellen – z.B. Bildkarten zur Förderung von Präpositionen oder ein Memory zum Thema Einzahl und Mehrzahl. Beachten Sie, dass einige Materialien nur sinnvoll eingesetzt werden können, wenn die Schüler/innen bereits lesen und schreiben können.

Sprachspiele, Reime oder Lieder eignen sich sehr gut, um die Sprachförderung mit kleinen Ritualen anzureichern. Aber Vorsicht: Besonders in Reimen oder Liedern verbergen sich oft komplexe oder sogar ungrammatische Strukturen!

An dieser Stelle möchten wir exemplarisch einige konkrete Materialien und deren Anwendungsbereiche vorstellen. Die Methodik dieser Materialien lässt sich gut mit den von uns in Kapitel 4.1 (»Qualitätskriterien für Sprachförderung«) dargestellten Grundlagen der Sprachförderung vereinbaren. Darüber hinaus wurden die Materialien von verschiedenen Lehrkräften, mit denen wir in unterschiedlichen Kontexten kooperiert haben, in der Praxis erprobt.

Materialien zur Sprachförderung von Seiteneinsteiger/innen

Viele Sprachfördermaterialien wurden speziell für Schüler/innen entwickelt, die ohne oder mit sehr geringen Deutschkenntnissen eingeschult werden. Im Fokus stehen oft der Aufbau eines Basiswortschatzes, der sich an sehr alltagsnahen Themen orientiert, wie zum Beispiel »In der Schule«, »Das bin ich« oder »Meine Gefühle«. Mit Hilfe von Bildern werden wichtige Begriffe eingeführt, die im Verlauf eines Themenfeldes mehrfach wiederholt und vertieft werden. Einfache Sätze, wie z.B. *»Das ist die Lehrerin«* fördern darüber hinaus syntaktische und morphologische Kompetenzen.

Einige dieser Materialien sind mit speziellen Hör-Stiften kompatibel und eignen sich daher auch als Freiarbeitsmaterialien. Zeigt man mit einem Hör-Stift auf bestimmte Symbole in den Materialien, werden Begriffe oder ganze Sätze vorgelesen oder Fragen zu bestimmten Bildern gestellt. Die Materialien sind also auch dann sehr gut einsetzbar, wenn die Schüler/innen noch nicht selbst lesen können und wenn keine Lehrkraft zur Verfügung steht, die den Umgang mit den Materialien interaktiv begleiten kann. Auch im Regelunterricht können sich die Seiteneinsteiger/innen mit den Materialien beschäftigen, etwa wenn die Regelklasse gerade mit Aufgaben zu tun hat, die für die Seiteneinsteiger/innen sprachlich noch zu komplex sind.

Beispiele für Materialien, die für die Sprachförderung von Seiteneinsteiger/innen geeignet sind

- Doukas-Handschuh, D. (2013): Meine Welt auf Deutsch. Wortschatz üben. Mein Tag – In der Schule – Zu Hause: Deutsch als Zweitsprache in der Schule. Stuttgart: Klett.
- Doukas-Handschuh, D. (2014): Meine Welt auf Deutsch. Wortschatz üben. Einkaufen – Mein Körper – In der Stadt: Deutsch als Zweitsprache in der Schule. Stuttgart: Klett.
- Fischer, D./Kellner, C. (2016): Komm zu Wort! Deutsch für Seiteneinsteiger. Hör-Bilder-Buch. 4. Auflage. Oberursel: Finken. (mit Ting- Hör-Stift kompatibel)
- Fischer, D./Kellner, C. (2016): Komm zu Wort! Deutsch für Seiteneinsteiger. Arbeitsblätter. 3. Auflage. Oberursel: Finken. (mit Ting- Hör-Stift kompatibel)
- Hirdina, C./Reuer, A./Rucys, D./Zimmermann, U. (2016): Frühe Sprachbildung. Vorkurs. Oberursel: Finken. (mit Ting- Hör-Stift kompatibel)
  Paket bestehend aus Planungshilfen, Arbeitsblättern, Postern, Ereignisbildern, Geräusch-Rätseln, Bild- und Geschichtenkarten.
- Landesinstitut für Schulentwicklung (Hrsg.) (2016): Deutsch als Zweitsprache in der Grundschule. 2. überarbeitete und ergänzte Auflage. Stuttgart.
  Kostenlos abrufbar unter: https://shop.ls-bw.de/uploads/ib-1.pdf?PHPSESSID_ls_esales=26tv1ar3rshufjpph22st5cvp7 (Abruf: 10.08.2017).
- Hörstifte:
  Ting: www.ting.eu
  Tiptoi: www.tiptoi.com

Materialien für die (additive) Sprachförderung in Kleingruppen

In der Kleingruppenförderung für Schüler/innen mit hohem Sprachförderbedarf können Materialien eingesetzt werden, die ebenfalls den Aufbau des Wortschatzes in den Vordergrund stellen und die Schüler/innen zum Sprechen anregen.

Viele Materialien sind thematisch aufgebaut und bieten Sprachanregungen zu spezifischen alltagsnahen Themenfeldern wie »In der Stadt« oder »Supermarkt« mit Hilfe von Postern, Bild- und Geschichtenkarten. Anhand dieser Materialen können Begriffen eingeführt und Interaktionen zu den jeweiligen Themen initiiert werden. Andere Materialien und Spiele fokussieren spezifische sprachliche Bereiche, wie zum Beispiel Bildkarten zur Förderung von Präpositionen oder Bewegungsspiele zur Konjugation von Verben. Durch den Einsatz solcher Materialien und Spiele stehen die jeweiligen sprachlichen Strukturen implizit im Fokus der Sprachförderung. Die

Schüler/innen erhalten spielerisch den notwendigen Input und werden zum Output angeregt.

Beispiele für Materialien, die für die Sprachförderung in Kleingruppen geeignet sind:

- Boretzki, A. (2010): Bildkarten zur Sprachförderung. Verben. Mühlheim an der Ruhr: Verlag an der Ruhr.
- Detert, J./Rahnert, J./Reuer, A./Zimmermann, U. (2014): Sprachbildung Kompakt. Oberursel: Finken.
- Ermonies-Jargielo, J./Kaltenbacher, E. (2014): Deutsch für den Schulstart. Fördermaterialien für die 1. und 2. Klasse. Universität Heidelberg, IDF. ZU bestellen über: http://www.deutsch-für-den-schulstart.de
- Pfeiffer, A. (2014): Geschichten zu den Präpositionen. 2. Auflage. Schaffhausen: Schubi Lernmedien.
- Piel, A. (2016): DaZ lernen mit Bewegung. 90 Spiele und Übungen zur Grammatik. Mühlheim an der Ruhr: Verlag an der Ruhr.
- Wilkening, N. (2013): 80 schnelle Spiele für die DaZ- und Sprachförderung. Für Plenum, Kleingruppen und Freiarbeit. Mühlheim an der Ruhr: Verlag an der Ruhr.

Materialien für die Sprachförderung im Regelunterricht

Neben den bereits in Kapitel 4.2 und 4.3 beschriebenen Methoden gibt es auch für die Umsetzung von Sprachförderung im Regelunterricht spezifisch gestaltete Materialien. Diese fokussieren meist konkrete Fachthemen, zum Beispiel aus dem Mathematikunterricht. Da der Sprachstand der Schüler/innen einer Regelklasse oft sehr heterogen ist, sind solche Materialien weniger für den dauerhaften Einsatz in den jeweiligen Fächern gedacht, sondern eignen sich als Ergänzung zum eigentlichen Lehrwerk und um sprachliche Differenzierungen für die Schüler/innen vorzunehmen. Einige Materialien bieten beispielsweise bereits vorbereitete Wortspeicher oder sprachliche Hilfen zu Unterrichtsthemen an.

Beispiele für Materialien, die für die Sprachförderung im Regelunterricht (Mathematik und Sachunterricht) geeignet sind

- Abshagen, M. (2015): Praxishandbuch Sprachbildung Mathematik (Praxishandbücher Sprachbildung im Fach). Klett.
- Selter, C. (o. J.): Projekt PIKAS – Deutsches Zentrum für Lehrerbildung Mathematik/TU Dortmund. Vielfältige Materialien kostenlos verfügbar unter: http://pikas.dzlm.de/material-pik
- Goßmann, M. (2013): Sprachförderung PLUS. Förderbausteine für den Soforteinsatz im Sachunterricht. Stuttgart: Klett.

Wir möchten grundsätzlich davon abraten, aus Zeitgründen bestimmte Materialien unreflektiert über alle Schüler/innen hinweg einzusetzen. Mit einer spezifischen und effizienten Sprachförderung hat eine solche Vorgehensweise nichts zu tun.

Sinnvoll ist es zunächst einmal, alle an der Schule vorhandenen Materialien zusammenzutragen und für alle Lehrkräfte des Kollegiums zugänglich zu machen (z.B. in einem Sprachförderzimmer) – häufig sind diese nämlich über mehrere Lehrkräfte verteilt und werden an unterschiedlichen Orten aufbewahrt. Mit der Zeit können Sie die Materialien dann systematisieren, indem Sie sie z.B. nach bestimmten Inhalten (etwa passend zum Regelunterricht) oder grammatischen Bereichen ordnen – davon profitiert das gesamte Kollegium Ihrer Schule. Worauf Sie dabei grundsätzlich achten sollten, verdeutlicht Ihnen die Checkliste zur Auswahl und Zusammenstellung von Materialien für die Sprachförderung am Ende dieses Kapitels.

4.6 Die inhaltliche Ausgestaltung der Sprachförderung an der Löwenzahn-Schule

Nachdem das Kollegium der Löwenzahn-Schule die Organisation der Sprachfördermaßnahmen an der Schule grundlegend überarbeitet hat (vgl. Kapitel 3.3 »Organisation der Sprachförderung an der Löwenzahn-Schule«), soll auch die inhaltliche Gestaltung der Sprachförderung strukturiert werden. Bislang hatte jede in die Sprachförderung involvierte Lehrkraft nach bestem Wissen und Gewissen selbständig entschieden, wie die Sprachförderung gestaltet werden soll. Bei der Bestandsaufnahme wurde im Kollegium der Wunsch nach einem Curriculum für die Sprachförderung laut. Daher möchte das Kollegium einige inhaltliche Qualitätsstandards definieren und damit vor allem folgende Ziele erreichen:

Insgesamt soll die Sprachförderung einem inhaltlichen »roten Faden« folgen, der für das gesamte Kollegium transparent ist. Die Vorgehensweise in der Sprachförderung soll nicht nur durch ein organisatorisches, sondern auch durch ein inhaltliches Konzept verbindlich festgelegt werden, so dass sich Lehrkräfte, die neu an die Schule kommen oder zum ersten Mal eine Sprachfördergruppe übernehmen, an diesem Konzept orientieren können. Die verschiedenen den Regelunterricht ergänzenden Sprachfördermaßnahmen sollen thematisch möglichst eng mit dem Regelunterricht vernetzt werden. Und besonders für die Teamteaching-Maßnahmen in Klasse 3 und 4 sind inhaltliche Vorüberlegungen notwendig, um die Teamteaching-Ressourcen tatsächlich sprachförderlich und nicht nur als allgemeine Lernunterstützung nutzen zu können.

Nachdem das Kollegium im Rahmen einer von Herrn Häberlein organisierten Weiterbildung zum Thema Sprachförderung im Unterrichtsalltag viel neuen Input zur Gestaltung von Sprachförderung erhalten hat, halten sich die Lehrkräfte einige Wochen nach der Weiterbildung einen Präsenznachmittag frei, um gemeinsam Standards zur inhaltlichen Gestaltung der verschiedenen organisatorischen Bestandteile des Sprachförderkonzepts zu formulieren.

Das Kollegium legt Wert darauf, möglichst konkrete inhaltliche Vorgehensweisen festzulegen, die aber trotzdem jeder Lehrkraft noch ausreichend Spielraum und Flexibilität zur eigenen Gestaltung einräumen.

Sprachförderung in Kleingruppen für Seiteneinsteiger/innen

Bereits bei der Organisation der Sprachförderung während der Stationenarbeit wurde festgelegt, dass für die Sprachförderung von Seiteneinsteiger/innen ein thematisches Curriculum mit verschiedenen Themenfeldern erstellt werden soll (vgl. S. 67). Diese Themenfelder geben im Laufe eines Schuljahres den inhaltlichen Rahmen für die Sprachförderung vor.

Zentrale Frage für die Auswahl der Themenfelder war: Welche Begriffe benötigen Schüler/innen mit keinen oder sehr geringen Deutschkenntnissen möglichst schnell, um sich am Schulalltag und in der sozialen Gemeinschaft Schule kommunikativ beteiligen zu können?

Das Kollegium hat sich auf folgende Themenfelder geeinigt:

- »In der Schule« (wichtige Räume, Schulgebäude und Umgebung, Schulsachen etc.)
- »Körper und Gefühle« (Körperteile, Gefühle wie z. B. *Mir geht es gut, ich bin traurig* etc.)
- »Kleidung«
- »Familie und Zuhause«
- »Freizeit« (Freizeitbeschäftigungen, wichtige Orte im Stadtteil etc.)
- »Essen und Trinken«
- »Zahlen und Farben«

Die Reihenfolge der Themenfelder ist festgelegt, allerdings ist offen, wie lange ein Themenfeld jeweils in der Sprachförderung im Vordergrund steht. Je nach Umfang des Themenfeldes können inhaltliche Unterteilungen vorgenommen werden. Beim Themenfeld »In der Schule« bietet es sich beispielsweise an, verschiedene »Unterthemenfelder« mit Begriffen zum Schulgebäude, zur Umgebung und zu den Schulsachen zu bilden.

Für jedes Themenfeld werden wichtige Begriffe (Nomen, Verben und Adjektive) gesammelt, die in der Sprachförderung besonders gefördert werden – hier am Beispiel von »Körper« illustriert:

- **Nomen:** *der Kopf, der Arm, das Bein, die Hand, das Gesicht, die Nase, der Mund, das Auge, das Ohr*
- **Verben:** *sprechen, sehen, riechen, hören, gehen, laufen, rennen, fühlen, schmecken*
- **Adjektive:** *groß, klein, dick, dünn, alt, jung*

Die Lehrkräfte fokussieren jedes Themenfeld so lange, bis die Seiteneinsteiger/innen den Großteil der relevanten Begriffe erworben haben.

In dem Klassenraum, in dem die Sprachförderung für Seiteneinsteiger/innen stattfindet, werden alle Materialien, die zu den Themenfeldern passen, gesammelt und nach Themenfeldern sortiert. Diese Sammlung soll im Laufe des Schuljahres sukzessive um Best-Practice-Materialien und bewährte Ideen erweitert werden.

Sprachförderung in Kleingruppen für die Klassen 1 und 2

Da die Schüler/innen der ersten und zweiten Klassen für die Sprachförderung aus dem Regelunterricht herausgeholt werden müssen, wird die Sprachförderung thematisch mit dem Regelunterricht vernetzt. Dazu einigen sich die Stufenteams der Klassen 1 und 2 auf sechs übergeordnete Themenfelder, die in den ersten beiden Schuljahren im Sachkundeunterricht relevant sind, wie z. B. Jahreszeiten oder Wetter. Diese Themenfelder bilden den thematischen Rahmen für die Sprachförderung. Darüber hinaus werden abhängig vom Sprachstand der Schüler/innen Förderziele definiert – z. B. die Förderung von Nebensätzen anhand des Themas »Wetter«:

Wenn es regnet, brauche ich einen Regenschirm.
Wenn es schneit, kann man Schlittenfahren.
Wenn die Sonne scheint, gehen wir schwimmen.

Es ist nicht das Ziel, tatsächliche Unterrichtsinhalte zu wiederholen – das wäre durch die stufenübergreifende Gruppeneinteilung auch nicht möglich. Durch die thematische Anbindung werden aber relevante Wortschatzbereiche aus dem Regelunterricht in die Sprachförderung transportiert. Es wird natürlich nicht immer möglich sein, die Inhalte der Sprachförderung parallel zum Sachunterricht zu vernetzen. Dadurch werden manche Themen vielleicht in der Sprachförderung angesprochen, die einigen Schüler/innen bereits im Unterricht begegnet sind. Der Wortschatz wird dann für diese Schüler/innen noch einmal wiederholt und vertieft. Für andere Schüler/innen ist ein Thema vielleicht noch neu. Dann werden diese Schüler/innen in der Sprachförderung schon einmal auf Themen eingestimmt, die ihnen später im Regelunterricht wieder begegnen.

Die Lehrkräfte der Stufen 1 und 2 einigen sich darauf, dass an jedem Präsenznachmittag nach den Ferien ein Austausch zwischen Klassenlehrer/innen und Sprachförderlehrkräften stattfindet. In diesen Austauschtreffen werden die Lernfortschritte der Schüler/innen, die an der Sprachförderung teilnehmen, sowohl aus Sicht der Klassenlehrer/innen als auch aus Sicht der Sprachförderlehrkräfte, besprochen. Darüber hinaus berichten die Sprachförderlehrkräfte, wie weit sie jeweils thematisch in der Sprachförderung fortgeschritten sind. Bei Bedarf kann der thematische Rahmen für die Kleingruppenförderung angepasst werden.

Sprachförderung im Teamteaching für Klasse 3 und 4

Die Stufenteams beider Stufen entscheiden sich dafür, die Teamteaching-Stunden für die ersten Schulwochen bis zu den nächsten Ferien im Mathematikunterricht stattfinden zu lassen. Für die Sprachfördergruppe jeder Klasse werden die Unterrichtsmaterialien sprachförderlich angepasst und ergänzt [vgl. Kapitel 4.2 »Sprachsensibler (Fach-) Unterricht«]. Die eigentliche Unterrichtsvorbereitung übernehmen die Klassenlehrer/innen. Die Teamteaching-Lehrkraft entwickelt passend dazu geeignete Wortspeicher und sprachliche Hilfen.

Die Teams entscheiden sich dazu, den Unterricht in verschiedenen Räumen stattfinden zu lassen. Zu Beginn eines neuen Themas bleibt die Teamteaching-Lehrkraft jeweils mit in der Klasse und unterstützt die Schüler/innen während der Unterrichtsstunde im Klassenverband. So können die Klassenlehrer/innen und die Teamteaching-Lehrkräfte auch einen besseren Eindruck gewinnen, welche Fachbegriffe des jeweils neuen Themas für die Schüler/innen mit Sprachförderbedarf noch einmal gezielt wiederholt werden müssen.

Die Teams der Klassen 3b und 3c verständigen sich darauf, die Unterrichtplanung für beide Teamteaching-Stunden jeweils montags an die Sprachförderlehrkraft weiterzugeben. Das Team der Klasse 3a verlagert den Austausch auf Freitags.

Die Teams der vierten Klassen beschließen, die Unterrichtsvorbereitung für die entsprechenden Stunden spätestens jeweils zwei Tage vor der Teamteaching-Stunde auszutauschen, damit die Sprachförderlehrkraft ausreichend Zeit hat, die geplanten Unterrichtsinhalte auf die sprachlichen Bedürfnisse der Schüler/innen anzupassen und sprachliche Hilfen vorzubereiten. Da die Teamteaching-Stunde der Klasse 4a montags liegt, findet der Austausch dazu bereits freitags statt.

Sprachförderung im Regelunterricht

Spätestens nach der Weiterbildung zum Thema Sprachförderung im Unterrichtsalltag ist das Kollegium motiviert, den Regelunterricht möglichst sprachförderlich zu gestalten. Dafür ist natürlich jede Lehrkraft selbst verantwortlich und kann bei der Unterrichtsvorbereitung sprachförderliche Methoden und Sequenzen einplanen, Aspekte des sprachsensiblen Unterrichts berücksichtigen und im Unterricht selbst das eigene Sprachverhalten reflektieren.

Doch auch für die Sprachförderung im Regelunterricht wünscht sich das Kollegium mehr Verbindlichkeit und entscheidet sich daher dafür, einmal pro Halbjahr eine kollegiale Beratung zu implementieren. Dazu bilden sich jeweils Lehrer/innen-Tandems, die sich gegenseitig im Unterricht besuchen und sich anschließend Feedback zum Sprachverhalten geben.

Gewinnbringendes Feedback bedarf einer vertrauensvollen Atmosphäre, weswegen sich die Lehrer/innen selbst aussuchen können, mit welcher anderen Lehrkraft sie ein Tandem bilden möchten. Herr Häberlein organisiert für die betreffenden Schulstunden eine Vertretungsregelung, die die wechselseitigen Hospitationen möglich machen.

Darüber hinaus wagt die Klassenstufe 2 ein Experiment: Aus der gesamten Stufe werden drei sprachlich leistungshomogene Gruppen gebildet. Diese Gruppen werden zwar zum gleichen Thema unterrichtet, die Unterrichtsinhalte werden aber jeweils auf den Sprachstand der Schüler/innen angepasst aufbereitet. Die grobe Unterrichtsplanung wird von den Klassenlehrer/innen zusammen vorgenommen, die Ausgestaltung nach sprachlichem Leistungsstand der Schüler/innen übernimmt jede Lehrkraft selbst. Erprobt werden soll diese Unterrichtsform zunächst im Sachkundeunterricht.

Ziel ist, dass die sprachlich schwächeren Schüler/innen mehr Zeit und Gelegenheit haben, sich mit einem Thema auseinanderzusetzen und z. B. unbekannte Begriffe zu erwerben. Die fortgeschrittenen Schüler/innen profitieren ebenfalls von dieser Arbeitsform, indem sie mit sprachlich komplexeren Aufgaben und Texten konfrontiert werden, die im Regelunterricht normalerweise nicht zum Einsatz kommen würden, um die schwächeren Schüler/innen nicht zu überfordern.

Die Klassenlehrer/innen einigen sich darauf, diese Form des leistungsdifferenzierten Regelunterrichts für einen Zeitraum von zunächst vier Wochen zu erproben. Anschließend werden die Klassenlehrer/innen der Stufe 2 in einer Gesamtkonferenz von den Erfahrungen mit dieser Vorgehensweise berichten. Falls das Experiment gelingt, wird die Methode auf weitere Klassenstufen übertragen.

Fazit

Nach der organisatorischen (Neu)Konzeption hat das Kollegium der Löwenzahn-Grundschule nun auch ein erstes inhaltliches Grundgerüst für die Sprachförderung für Seiteneinsteiger/innen, in Kleingruppen, im Rahmen von Teamteaching und im Regelunterricht entworfen. Die intensive Reflexion und Überarbeitung des Sprachförderkonzeptes hat sich aus Sicht des Kollegiums bereits jetzt schon gelohnt: In der neuen Konzeption sind alle Lehrkräfte mehr oder weniger intensiv in die Umsetzung der Sprachförderung involviert, so dass die Sprachförderung als Querschnittsaufgabe des gesamten Kollegiums verstanden wird. Durch den fachlichen Input, der allen Lehrer/innen im Rahmen der Weiterbildung vermittelt wurde, haben alle den gleichen Wissensstand und fühlen sich gut gerüstet für die Erprobung.

Natürlich wird erst die Umsetzung in der Praxis zeigen, welche Maßnahmen sich bewähren und an welchen Stellen das Sprachförderkonzept der Löwenzahn-Schule gegebenenfalls optimiert werden muss. So wie auch in Bezug auf die organisatorische Planung möchte sich das Kollegium in regelmäßigen Abständen über die inhaltliche Gestaltung der Sprachförderung austauschen, Best-Practice-Ideen gemeinsam dokumentieren und die Umsetzung reflektieren. Herr Häberlein wird dafür einmal pro Quartal die Reflexion der Sprachförderung auf die Agenda der Gesamtkonferenz setzen.

Checkliste zur Selbstreflexion des eigenen Sprachverhaltens

Zur Selbstreflexion des eigenen Sprachverhaltens können Sie z. B. mit einem Diktiergerät bzw. der Diktierfunktion Ihres Handys einige Minuten einer Sprachfördersituation aufnehmen und mit Hilfe der Checkliste reflektieren. Falls Sie kein Diktiergerät oder Ähnliches zur Hand haben, können Sie die Checkliste trotzdem nutzen, um sich Ihr Sprachverhalten in einer Sprachfördersituation bewusst vor Augen zu führen.

Allgemeines Kommunikationsverhalten

- ☐ Die Kommunikation mit dem Kind/den Kindern hat mir Freude gemacht.
- ☐ Ich habe mich auf die Interessen und Themen des Kindes/der Kinder eingelassen.
- ☐ Ich hatte häufig Blickkontakt zum Kind/zu den Kindern.
- ☐ Ich habe meine Äußerungen durch Mimik unterstützt.
- ☐ Ich habe meine Äußerungen durch Gestik unterstützt.
- ☐ Ich habe das Kind/die Kinder ausreden lassen.
- ☐ Ich habe Zeit für Denkpausen gelassen.
- ☐ Mein Sprechtempo war angemessen.
- ☐ Meine Lautstärke war angemessen.
- ☐ Meine Aussprache war deutlich.
- ☐ Die Endungen von Wörtern waren gut verständlich.

Checkliste zur Selbstreflexion des eigenen Sprachverhaltens

Umgang mit dem Sprachstand

- [ ] Mir war klar, auf welchem Sprachstand sich das Kind befindet/sich die Kinder befinden.
- [ ] Meine Äußerungen waren dem Alter und dem Sprachstand des Kindes/der Kinder angemessen.
- [ ] Ich habe die nächste/n sprachliche/n Entwicklung/en angebahnt.

Sprachangebot (Input):

- [ ] Ich habe meine Handlungen sprachlich begleitet.
- [ ] Ich habe die Handlungen des Kindes/der Kinder sprachlich begleitet.
- [ ] Ich habe Situationen, Abläufe, Ereignisse etc. versprachlicht.
- [ ] Ich habe einen reichhaltigen Wortschatz verwendet.
- [ ] Ich habe neue oder genauere Begriffe eingeführt.
- [ ] Ich habe wichtige Wörter mehrfach wiederholt.
- [ ] Ich habe sprachliche Ähnlichkeiten und Kontraste verwendet (z. B. bei Genus, Kasus, Numerus, Verbformen).
- [ ] Ich habe vollständige Sätze geäußert.
- [ ] Ich habe unterschiedliche Satzstrukturen verwendet (Hauptsätze, Nebensätze, Fragesätze).
- [ ] Ich habe Nebensätze unterschiedlich eingeleitet.

Checkliste zur Selbstreflexion des eigenen Sprachverhaltens

Fragetechnik

- [ ] Ich habe Fragen als Sprachmotivation eingesetzt.
- [ ] Ich habe viele offene Fragen gestellt.
- [ ] Ich habe keinen Druck ausgeübt, sich zu äußern.

Feedback- und Korrekturverhalten

- [ ] Ich habe nicht explizit korrigiert.
- [ ] Ich habe abweichende Äußerungen des Kindes/der Kinder inhaltlich aufgegriffen und sprachlich korrekt wiedergegeben.
- [ ] Ich habe Äußerungen des Kindes/der Kinder aufgegriffen und sprachlich erweitert.

Checkliste zur Auswahl und Zusammenstellung von Materialien für die Sprachförderung

In Bezug auf die Aufbewahrung/Verfügbarkeit an Ihrer Schule

- Welche Materialien gibt es bereits an der Schule?
- Sind diese für alle Lehrkräfte zugänglich bzw. zu finden?
- Falls nicht vorhanden: Gibt es die Möglichkeit, einen Materialschrank/ein Zimmer einzurichten?
- Sind die Materialien sortiert (z. B. nach inhaltlichen oder sprachlichen Themen)?
- Bauen die Materialien thematisch aufeinander auf?
- Bauen die Materialien in Bezug auf spezifische sprachliche Bereiche aufeinander auf?
- Gibt es einen (oder mehrere) Ansprechpartner, die sich um Sortierung und Erweiterung des Materialbestandes kümmern?
- Gibt es Möglichkeiten, neue Materialien vorzustellen (z. B. im Rahmen von Konferenzen etc.)?

Checkliste zur Auswahl und Zusammenstellung von Materialien für die Sprachförderung

In Bezug auf die Schüler/innen

- Wie alt sind die zu fördernden Schüler/innen?
- Wie ist der Sprachstand der zu fördernden Schüler/innen?
- Welches sprachliche Förderziel soll im Fokus der Sprachförderung stehen (z. B. Akkusativ)?
- Welchen thematischen Rahmen hat die Sprachfördersituation (z. B. Thema »Der Winter«)
- In welchem organisatorischen Rahmen findet die Sprachförderung statt (additive Kleingruppe oder Regelunterricht)?
- Wie groß ist die Sprachfördergruppe?
- Wie hoch soll der Anteil an Input in der Sprachfördersituation sein? (sprachlich schwächere Schüler/innen – mehr Input, sprachlich fortgeschrittene Schüler/innen – mehr Anregung zum Output)
- Benötigen die Schüler/innen für das Material Lese- und/oder Schreibfähigkeiten?

5. Ein paar Worte zum Abschluss

Vielleicht haben Sie beim Lesen dieses Ratgebers gedacht: »Das findet in meinem Unterricht ja sowieso (in Teilen) statt!«. Dann möchten wir Ihnen gern auf die Schultern klopfen und Sie in Ihrem Tun bestärken. Machen Sie bitte weiter so!

Oder aber Sie sagen sich: »Das kann ich alles gar nicht schaffen, das ist viel zu aufwändig!«. In diesem Fall müssten wir Ihnen entgegen, dass es Sprachförderung und die zugrunde liegenden Kenntnisse und Fähigkeiten nicht zum Nulltarif gibt – und, bezogen auf die Fortschritte der Kinder, schon gar nicht im Schnelldurchlauf.

Ergänzend würden wir aber auch anmerken: Nicht unbedingt müssen vollständige Unterrichtsstunden nach sprachförderlichen Gesichtspunkten geplant und gestaltet werden. Dazu bleibt im regulären Unterrichtsalltag leider viel zu wenig Zeit.

Ihr Ziel – und das des gesamten Kollegiums – sollte es aber sein, möglichst vielfältige und authentische Sprechanlässe und Kommunikationssituationen zu schaffen, in denen Sie flexibel auf die sprachlichen Bedürfnisse der Schüler/innen eingehen können. Manchmal lassen sich kurze und vermeintlich unwichtige Unterrichtssituationen oder Szenen aus dem Schulalltag wunderbar nutzen, um eine zusätzliche sprachliche Interaktion einzubauen.

Sprachförderliche Aktivitäten – egal ob im Regelunterricht oder in der Kleingruppe – müssen auch nicht zwingend mit spezifischen Materialien umgesetzt werden. Oft ist es alles andere als sinnvoll, vorgefertigte Arbeitsblätter (auch wenn diese explizit für die Sprachförderung gedacht sind) ohne Berücksichtigung des Sprachstands der Schüler/innen und ohne entsprechende Anpassungen einzusetzen – auch wenn das aus zeitlichen Gründen erst einmal verlockend ist.

Sprachförderung, egal ob im Elementar- oder Primarbereich angesiedelt, kann nie Aufgabe einzelner Personen sein, sondern ist immer Teamsache! Bedenken Sie, welche Effekte es haben kann, wenn alle Lehrer/innen aus einem Kollegium ihren Unterricht sprachsensibel gestalten und sich alle Lehrkräfte an einer Schule gleichermaßen für die Sprachförderung zuständig fühlen. Werfen Sie in regelmäßigen Abständen gemeinsam mit der Schulleitung einen Blick auf die Verteilung der Ressourcen: Werden die für die Sprachförderung zugeteilten Stunden für alle Beteiligten sinnvoll und effektiv eingesetzt? Können alle Lehrkräfte ihre Expertise einbringen?

Auch wenn Sie selbst an Ihrer Schule vielleicht noch weit davon entfernt sind, diese Erkenntnisse im Unterricht umzusetzen, möchten wir Sie ermutigen, in kleinen Schritten daran zu arbeiten! Das fängt bereits damit an, dem Thema »Sprachförderung« regelmäßig Raum in Konferenzen zu geben oder ihm einen Studientag zu widmen, wie es die Löwenzahn-Schule in unserem Beispiel getan hat. Bleiben Sie kontinuierlich im Austausch über Sprache – sowohl mit den Schüler/innen als auch mit den Kolleg/innen der Schule.

Jede bewusste Kommunikationssituation stellt für Schüler/innen mit Sprachförderbedarf eine Hilfestellung und einen Zugewinn dar. Sobald Sie und Ihre Kolleg/innen dieses Bewusstsein in den Unterrichtsalltag transportieren, ist der erste große Schritt in Richtung effizienter Sprachförderung getan.

Wir wünschen Ihnen dabei viel Spaß und Erfolg!

Literatur

Abshagen, M. (2015): Praxishandbuch Sprachbildung Mathematik (Praxishandbücher Sprachbildung im Fach). Stuttgart: Klett.

Ahrenholz, B. (2010): Bildungssprache im Sachunterricht der Grundschule. In: Ahrenholz, B. (Hrsg.): Fachunterricht und Deutsch als Zweitsprache. 2., durchgesehene und aktualisierte Auflage. Tübingen: Narr, S. 15–36.

Ahrenholz, B./Fuchs, I./Birnbaum, T. (2016): »... Dann haben wir natürlich gemerkt, der Übergang ist der Knackpunkt ...«. Modelle der Beschulung von Seiteneinsteigerinnen und Seiteneinsteigern in der Praxis. In: BISS Journal. 5. Ausgabe. http://www.biss-sprachbildung.de/pdf/Evaluation_Sekundarstufe.pdf (Abruf: 18.04.2017).

Apeltauer, E. (2008): Wortschatzentwicklung und Wortschatzarbeit. In: Ahrenholz, B./Oomen-Welke, I. (Hrsg.): Deutsch als Zweitsprache. Baltmannsweiler: Schneider Hohengehren, S. 239–253.

Bickes, H./Pauli, U. (2009): Erst- und Zweitspracherwerb. Stuttgart: utb.

Boretzki, A. (2010): Bildkarten zur Sprachförderung. Verben. Mühlheim an der Ruhr: Verlag an der Ruhr.

Brandt, H./Gogolin, I. (2016): Sprachförderlicher Fachunterricht. Erfahrungen und Beispiele (FörMig Material). Münster, New York: Waxmann.

Chilla, S. (2008): Erstsprache, Zweitsprache, Spezifische Sprachentwicklungsstörung? Eine Untersuchung des Erwerbs der deutschen Hauptsatzstruktur durch sukzessiv-bilinguale Kinder mit türkischer Erstsprache. Hamburg: Kovac.

Chilla, S./Rothweiler, M./Babur, E. (2013): Kindliche Mehrsprachigkeit. Grundlagen, Störung, Diagnostik. München: Reinhardt.

Detert, J./Rahnert, J./Reuer, A./Zimmermann, U. (2014): Sprachbildung Kompakt. Oberursel: Finken.

Dannenbauer, F. M. (1999): Grammatik. In: Baumgartner, S./Füssenich, I. (Hrsg.): Sprachtherapie mit Kindern. Grundlagen und Verfahren. 4., völlig überarbeitete und erweiterte Auflage. München, Basel: Ernst Reinhardt Verlag, S. 105–161.

Doukas-Handschuh, D. (2013): Meine Welt auf Deutsch. Wortschatz üben. Mein Tag – In der Schule – Zu Hause: Deutsch als Zweitsprache in der Schule. Stuttgart: Klett.

Doukas-Handschuh, D. (2014): Meine Welt auf Deutsch. Wortschatz üben. Einkaufen – Mein Körper – In der Stadt: Deutsch als Zweitsprache in der Schule. Stuttgart: Klett.

Egert, F./Hopf, M. (2016): Zur Wirksamkeit von Sprachförderung in Kindertageseinrichtungen in Deutschland. In: Kindheit und Entwicklung 25 (3), S. 153–163.

Ermonies-Jargielo, J./Kaltenbacher, E. (2014): Deutsch für den Schulstart. Fördermaterialien für die 1. und 2. Klasse. Universität Heidelberg, IDF.

Engin, H. (2013): Die Bedeutung der Erstsprache für den Zweitspracherwerb im Kontext migrationsbedingter Diversität. Vortrag im Rahmen der Fachtagung »Diversität in Bildungseinrichtungen«. Impulse für Deutsch als Zweitsprache, Mehrsprachigkeit und interkulturelle Elternarbeit. Frankfurt am Main, 10.06.2013.

Feilke, H. (2012): Bildungssprachliche Kompetenzen – fördern und entwickeln. In: Praxis Deutsch 233, S. 4–13.

Fischer, D./Kellner, C. (2016): Komm zu Wort! Deutsch für Seiteneinsteiger. Hör-Bilder-Buch. 4. Auflage. Oberursel: Finken.

Fischer, D./Kellner, C. (2016): Komm zu Wort! Deutsch für Seiteneinsteiger. Arbeitsblätter. 3. Auflage. Oberursel: Finken.

Fürst, I./Helbig, E./Schmitt, V. (2008): Kinder- und Jugendliteratur. Theorie und Praxis. 2. Auflage. Troisdorf: Bildungsverlag eins.

Gawlitzek, I. (2010): Literacy. In: Kinder erziehen, bilden und betreuen. Lehrbuch für Ausbildung und Studium. Berlin/Düsseldorf: Cornelsen, S. 448–473.

Gibbons, P. (2002): Scaffolding Language, Scaffolding Learning. Teaching Second Language Learners in the Mainstream Classroom. Portsmouth, NH: Heinemann.

Goßmann, M. (2013): Sprachförderung PLUS. Förderbausteine für den Soforteinsatz im Sachunterricht. Stuttgart: Klett.

Hirdina, C./Reuer, A./Rucys, D./Zimmermann, U. (2016): Frühe Sprachbildung. Vorkurs. Oberursel: Finken.

Hobusch, A./Lutz, N./Wiest, U. (2016): Sprachstandsüberprüfung und Förderdiagnostik (SFD). Testverfahren für Grundschulkinder mit Deutsch als Erst- und Zweitsprache. Hamburg: Persen Verlag.

Hoffmann, L./Böhme, K. (2017): Wird sprachlicher Förderbedarf in der Grundschule sicher erkannt? Zur Klassifikationsgüte von diagnostischen Entscheidungen. In: Zeitschrift für Pädagogische Psychologie, 31 (2), S. 137–147.

Hoffmann, L./Böhme, K./Stanat, P. (im Druck): Mit welchen diagnostischen Verfahren wird in Grundschulen Sprachförderbedarf festgestellt? Eine bundesweite Bestandsaufnahme. Frühe Bildung.

Hölscher, P./Piepho, H./Roche, J. (2006): Handlungsorientierter Unterricht mit Lernszenarien. Kernfragen zum Spracherwerb. Oberursel: Finken Verlag.

Hopp, H./Thoma, D./Tracy, R. (2010): Sprachförderkompetenz pädagogischer Fachkräfte: Ein sprachwissenschaftliches Modell. In: Zeitschrift für Erziehungswissenschaft 13 (4), S. 609–629.

Jeuk, S. (2010): Deutsch als Zweitsprache in der Schule: Grundlagen – Diagnose – Förderung. Stuttgart: Verlag W. Kohlhammer.

Kammermeyer, G./Roux, S./King, S./Metz, A. (2014): Mit Kindern im Gespräch. Strategien zur sprachlichen Entwicklung von Kleinkindern in Kindertageseinrichtungen. Donauwörth: Auer.

Kany, W./Schöler, H. (2010): Fokus: Sprachdiagnostik. Leitfaden zur Sprachstandsbestimmung im Kindergarten. 2., erweitere Auflage. Berlin/Düsseldorf: Cornelsen Scriptor.

Klein, W. (2007): Mechanismen des Erst- und Zweitspracherwerbs. In: Sprache. Stimme. Gehör 31, S. 138–143.

Kniffka, G. (2010): Scaffolding. Pro DaZ. Deutsch als Zweitsprache in allen Fächern. Universität Duisburg Essen. https://www.uni-due.de/imperia/md/content/prodaz/scaffolding.pdf (Abruf 20.06.2017).

Krifka, M./Błaszczak J./Leßmöllmann A./Meinunger A./Stiebels, B./Tracy, R./Truckenbrodt, H. (Hrsg.) (2014): Das mehrsprachige Klassenzimmer. Über die Muttersprachen unserer Schüler. Berlin, Heidelberg: Springer VS.

Kumbier, D./Schulz von Thun, F. (2009): Interkulturelle Kommunikation: Methoden, Modelle, Beispiele. 3. Auflage. Reinbek bei Hamburg: Rowohlt Verlag.

Landesinstitut für Lehrerbildung und Schulentwicklung Hamburg (Hrsg.) (2011): Mehrsprachigkeit zur Entwicklung von Sprachbewusstsein – Sprachbewusstsein als Element der Sprachförderung. http://li.hamburg.de/contentblob/4274138/7b53ef7bebbd894f36ab59963bd7a015/data/pdf-mehrsprachigkeit-zur-entwicklung-von-sprachbewusstsein.pdf (Abruf 30.03.2017).

Landesinstitut für Schulentwicklung (Hrsg.) (2016): Deutsch als Zweitsprache in der Grundschule. 2., überarbeitete und ergänzte Auflage. Stuttgart. https://shop.ls-bw.de/uploads/ib-1.pdf?PHPSESSID_ls_esales=26tv1ar3rshufjpph22st5cvp7 (Abruf: 10.08.2017).

Leisen, J. (2013): Handbuch Sprachförderung im Fach – Sprachsensibler Fachunterricht in der Praxis. Stuttgart: Klett.

Lemke, V./Tracy, R. (Hrsg.) (2009): Sprache macht stark. Offensive Bildung. Berlin/Düsseldorf: Cornelsen Scriptor.

Lisker, A. (2010): Sprachstandsfeststellung und Sprachförderung im Kindergarten und beim Übergang in die Schule. Expertise im Auftrag des Deutschen Jugendinstituts. http://www.dji.de/fileadmin/user_upload/bibs/Expertise_Sprachstandserhebung_Lisker_2010.pdf (Abruf 30.03.2017).

Mayr, T./Hofbauer, C./Simic, M./Ulich, M. (2012): Selsa. Sprachentwicklung und Literacy bei Kindern im Schulalter (1. bis 4. Klasse) (Beobachtungsbogen und Begleitheft). Freiburg: Herder.

Mercator-Institut für Sprachförderung und Deutsch als Zweitsprache (2013): Wirksamkeit von Sprachförderung. Expertise im Auftrag der Bildungsdirektion des Kantons Zürich. http://www.mercator-institut-sprachfoerderung.de/fileadmin/user_upload/Expertise_Sprachfoerderung_Web_final_03.pdf (Abruf 18.04.2017).

Mercator-Institut für Sprachförderung und Deutsch als Zweitsprache (2015): Faktencheck: Lesen und Schreiben lernen. Köln. http://www.mercator-institut-sprachfoerderung.de/fileadmin/Redaktion/PDF/Presse/Mercator-Institut_Faktencheck_LesenSchreiben_final.pdf (Abruf 13.07.2017).

Mercator-Institut für Sprachförderung und Zentrum für LehrerInnenbildung der Universität zu Köln (Hrsg.) (2015): Neu zugewanderte Kinder und Jugendliche im deutschen Schulsystem. Bestandsaufnahme und Empfehlungen. Köln. http://www.mercator-institut-sprachfoerderung.de/fileadmin/Redaktion/PDF/Publikationen/MI_ZfL_Studie_Zugewanderte_im_deutschen_Schulsystem_final_screen.pdf (Abruf: 18.04.2017).

Merkel, J. (2007): »Erzähl du mir, dann erzähl ich dir« – Vom mündlichen Erzählen im Kindergarten. In: Textor, M.: Das Kita-Handbuch. http://www.kindergartenpaedagogik.de/1098.html (Abruf 20.04.2017).

Ministerium für Bildung, Frauen und Jugend Rheinland-Pfalz (2005): Rahmenplan Grundschule/Teilrahmenplan Deutsch. Mainz. https://grundschule.bildung-rp.de/fileadmin/user_upload/grundschule.bildung-rp.de/Downloads/Rahmenplan/RahmenplanGrundschule_TeilrahmenplanDeutsch.pdf (Abruf: 18.04.2017).

Ministerium für Kultus, Jugend und Sport Baden-Württemberg (Hrsg.) (2009): Deutsch als Zweitsprache in der Grundschule. Stuttgart.

Ministerium für Kultus, Jugend und Sport Baden-Württemberg (Hrsg.) (2016): Bildungsplan der Grundschule – Deutsch. Stuttgart. http://www.bildungsplaene-bw.de/site/bildungsplan/get/documents/lsbw/export-pdf/depot-pdf/ALLG/BP2016BW_ALLG_GS_D.pdf (Abruf 18.04.2017) .

Ministerium für Schule und Weiterbildung des Landes Nordrhein-Westfalen (2015): Referenzrahmen für Schulqualität NRW. Schule in NRW Nr. 9051. Düsseldorf. http://www.schulentwicklung.nrw.de/e/upload/referenzrahmen/download/Referenzrahmen_Veroeffentlichung.pdf (Abruf 18.04.2017).

Müller, A./Schulz, P./Tracy, R. (im Erscheinen): Spracherwerb. In: Titz, C./ Geyer, S. (Hrsg.): Konzepte zur Sprach- und Schriftsprachförderung entwickeln (Bildung durch Sprache und Schrift). Stuttgart: Kohlhammer. S. 53–68.

Näger, S. (2013): Literacy. Kinder entdecken Buch-, Erzähl- und Schriftkultur. Freiburg: Herder.

Nickel, S. (2007): Literacy. Handreichungen zur Entwicklung der Sprach- und Literaturdidaktik im Elementarbereich. BA Fachbezogene Bildungswissenschaften. Bremen. http://www.elementargermanistik.uni-bremen.de/Handreichung_Nickel_Literacy (Abruf 29.03.2017).

Niedersächsisches Kultusministerium (Hrsg.) (2002): Rahmenrichtlinien Deutsch als Zweitsprache. München: Verlag J. Maiß

OECD (2015): Immigrant Students at School: Easing the Journey towards Integration. Paris: OECD Publishing.

Petermann, F. (2012): Sprachstandserhebungstest für Kinder im Alter zwischen 5 und 10 Jahren (SET 5-10). 2., überarbeitete Auflage. Göttingen: Hogrefe.

Pfeiffer, A. (2014): Geschichten zu den Präpositionen. 2. Auflage. Schaffhausen: Schubi Lernmedien.

Piel, A. (2016): DaZ lernen mit Bewegung. 90 Spiele und Übungen zur Grammatik. Mühlheim an der Ruhr: Verlag an der Ruhr.

Preiss, C. (2013): Bildung, Betreuung und Erziehung in der Einwanderungsgesellschaft. Hintergründe und bildungspolitische Ansätze. WiFF-Expertise im Auftrag des Deutschen Jugendinstituts 31. http://www.weiterbildungsinitiative.de/uploads/media/Exp_31_Preiss.pdf (Abruf 30.03.2017).

Universität Duisburg Essen: Projekt ProDaz: Deutsch als Zweitsprache in allen Fächern. Einzelsprachbeschreibungen. https://www.uni-due.de/prodaz/einzelsprachen.php (Abruf 18.04.2017).

Reber, K./Schönauer-Schneider, W. (2009): Bausteine sprachheilpädagogischen Unterrichts. München/Basel: Ernst Reinhardt Verlag.

Reich, H./Roth, H.-J. (2004): Hamburger Verfahren zur Analyse des Sprachstands Fünfjähriger – HAVAS 5. Landesinstitut für Lehrerbildung und Schulentwicklung Hamburg.

Roos, J./Polotzek, S./Schöler, H. (2010): EVAS – Evaluationsstudie zur Sprachförderung von Vorschulkindern. Wissenschaftliche Begleitung der Sprachfördermaßnahmen im Programm »Sag mal was – Sprachförderung für Vorschulkinder«. Abschlussbericht im Auftrag der Landesstiftung Baden-Württemberg. http://www.sagmalwas-bw.de/fileadmin/Mediendatenbank_DE/Sag_Mal_Was/EVAS_Abschlussbericht_mit-Anhang_und_Vorspann_und_Danksagung_21-04-2010.pdf (Abruf 03.04.2017).

Rösch, H. (2001): Handreichung Deutsch als Zweitsprache. Erstellt im Auftrag der Senatsverwaltung für Schule, Jugend und Sport Berlin. https://www.berlin.de/sen/bildung/schule/foerderung/.../daz_handreichung.pdf (Abruf 03.04.2017).

Rothweiler, M. (2006): The acquisition of V2 and subordinate clauses in early successive acquisition of German. In: Lleó, C. (Hrsg.): Interfaces in multilingualism: acquisition, representation and processing. Amsterdam: Benjamins, S. 91–113.

Rothweiler, M./Ruberg, T. (2011): Der Erwerb des Deutschen bei Kindern mit nichtdeutscher Erstsprache. Sprachliche und außersprachliche Einflussfaktoren. Eine Expertise der Weiterbildungsinitiative Frühpädagogische Fachkräfte (WiFF). http://www.weiterbildungsinitiative.de/uploads/media/WiFF_Expertise_12__RothweilerRuberg_Internet.pdf (Abruf 27.03.2017).

Ruberg, T./Rothweiler, M. (2012): Spracherwerb und Sprachförderung in der KiTa. Stuttgart: Verlag W. Kohlhammer.

Ruberg, T./Rothweiler, M./Koch-Jensen, L. (2013): Spracherwerb und sprachliche Bildung. Lern- und Arbeitsbuch für sozialpädagogische Berufe. Köln: Bildungsverlag EINS.

Schöler, H./Brunner, M. (2008): HASE – Heidelberger Auditives Screening in der Einschulungsdiagnostik. 2., überarbeitete und erweiterte Auflage. Wertingen: Westra.

Schulz, P. (2007): Erstspracherwerb Deutsch: Sprachliche Fähigkeiten von Eins bis Zehn. In: Graf, U./Moser Opitz, E. (Hrsg.): Diagnostik am Schulanfang (= Entwicklungslinien der Grundschulpädagogik, Band 3). Baltmannsweiler: Schneider Hohengehren, S. 67–86.

Schulz, P./Grimm, A. (2012): Spracherwerb. In: Drügh, H./Komfort-Hein, S./Kraß, A./Meier, C./Rohowski, G./Seidel, R./Weiß, H. (Hrsg.): Germanistik. Sprachwissenschaft – Literaturwissenschaft – Schlüsselkompetenzen. Stuttgart/Weimar: J. B. Metzler, S. 155–172.

Schulz, P./Tracy, R. (2011): LiSe-DaZ. Linguistische Sprachstandserhebung – Deutsch als Zweitsprache. Göttingen: Hogrefe.

Selter, C. (o. J.): Projekt PIKAS – Deutsches Zentrum für Lehrerbildung Mathematik/TU Dortmund. http://pikas.dzlm.de/material-pik (Abruf: 10.08.2017).

Siebert-Ott, G. (2013): Mehrsprachigkeit und Bildungserfolg. In: Auernheimer, G. (Hrsg.): Schieflagen im Bildungssystem. Die Benachteiligung der Migrantenkinder. 5. Auflage. Heidelberg: Springer, S. 145–159.

Ständige Konferenz der Kultusminister der Länder in der Bundesrepublik Deutschland (Hrsg.) (2013): Interkulturelle Bildung und Erziehung in der Schule. Beschluss der Kultusministerkonferenz vom 25.10.1996 i. d. F. vom 5.12.2013. http://www.kmk.org/fileadmin/Dateien/veroeffentlichungen_beschluesse/1996/1996_10_25-Interkulturelle-Bildung.pdf (Abruf 18.04.2017).

Stanat, P./Böhme, K./Schipoloski, S./Haag, N. (Hrsg.) (2016): IQB-Bildungstrend 2015. Sprachliche Kompetenzen am Ende der 9. Jahrgangsstufe im zweiten Ländervergleich. Münster, New York: Waxmann. https://www.iqb.hu-berlin.de/bt/BT2015/Bericht (Abruf: 24.04.2017).

Statistisches Bundesamt – Ausländerstatistik. https://www.destatis.de/DE/ZahlenFakten/GesellschaftStaat/Bevoelkerung/MigrationIntegration/Methoden/Auslaenderzentralregister.html (Abruf: 24.04.2017).

Südkamp, A./Kaiser, J./Möller, J. (2012): Accuracy of teachers' judgements of students' academic achievement: A meta-analysis. In: Journal of Educational Psychology 104 (3), S. 743–762.

Szagun, G. (2016): Sprachentwicklung beim Kind: ein Lehrbuch. Neu ausgestattete 6. Auflage. Weinheim: Beltz Verlag.

Textor, M. (2016): Literacy-Erziehung im Kindergarten. In: Textor, M. (Hrsg.): Das Kita-Handbuch. http://www.kindergartenpaedagogik.de/1719.html (Abruf 30.03.2017).

Thoma, D./Tracy, R. (2006): Deutsch als frühe Zeitsprache: zweite Erstsprache? In: Ahrenholz, B. (Hrsg.): Kinder mit Migrationshintergrund: Spracherwerb und Fördermöglichkeiten. Freiburg: Fillibach, S. 58–79.

Thomas, A./Kinast, E./Schroll-Machl, S. (Hrsg.) (2005): Handbuch Interkulturelle Kommunikation und Kooperation – Band 1: Grundlagen und Praxisfelder. 2. Auflage. Göttingen: Vandenhoeck & Ruprecht.

Tracy. R. (1991): Sprachliche Strukturentwicklung. Linguistische und kognitionspsychologische Aspekte einer Theorie des Erstspracherwerbs. Tübingen: Narr.

Tracy, R. (2008): Wie Kinder Sprachen lernen. Und wie wir sie dabei unterstützen können. 2. Auflage. Tübingen: Francke.

Wagner, L. (2014): SCREENIKS. Screening der kindlichen Sprachentwicklung. Computergestütztes Verfahren zur Feststellung des Sprachstandes im Deutschen bei ein- und mehrsprachigen Kindern. München: Eugen Wagner Verlag.

Wilkening, N. (2013): 80 schnelle Spiele für die DaZ- und Sprachförderung. Für Plenum, Kleingruppen und Freiarbeit. Mühlheim an der Ruhr: Verlag an der Ruhr.

Anhang

Exkurs: Merkmale und Besonderheiten verschiedener Sprachen

In Kapitel 1 (»Spracherwerb, sprachliche Bildung und Sprachförderung am Übergang Kita – Grundschule«) haben wir einige Faktoren aufgeführt, die Einfluss auf den Erwerb einer zweiten Sprache haben können. Im Folgenden zeigen wir Ihnen, welche sprachlichen Bereiche für Lerner bestimmter Erstsprachen aufgrund der Eigenschaften ihrer Erstsprache herausfordernd sein können.

Besonders hervorheben möchten wir an dieser Stelle, dass Lerner Individuen sind und demnach ihre jeweils eigene Spracherwerbsgeschichte schreiben. Wir wollen also nicht behaupten, dass z.B. ALLE kroatischen Schüler/innen Probleme mit bestimmten Strukturen des Deutschen haben, sondern lediglich aufzeigen, inwieweit sich unterschiedlicher Transfer daraus ergeben kann, wie sich Sprachen vom Deutschen unterscheiden. Daraus leiten sich dann potentielle Problembereiche ab.

Mehrsprachigkeit und kulturelle Vielfalt sind an vielen Grundschulen inzwischen absoluter Normalfall. Aufgrund dieser Vielfalt war es natürlich nicht einfach, eine Auswahl an Sprachen zu treffen, die wir hier näher betrachten möchten.

Wir haben diejenigen Sprachen aufgenommen, die von vielen DaZ-Schüler/innen als Erstsprache(n) erworben werden.[12]

Eine jeweils ausführliche Beschreibung der einzelnen Sprachen würde mehrere Bücher füllen, weshalb wir hier nur exemplarisch einige Hürden für Lerner aufzeigen. In den dem Exkurs zugrunde liegenden Quellen (Krifka et al. 2014, Einzelsprachbeschreibungen Projekt ProDaZ: Deutsch als Zweitsprache in allen Fächern, https://www.uni-due.de/prodaz/einzelsprachen.php) finden Sie bei Bedarf weitere Sprachbeschreibungen (vgl. Info unten »Weiterführende Literatur«). Die Auflistung der Sprachen erfolgt in alphabetischer Reihenfolge.

Lerner mit **Arabisch** als Erstsprache haben häufig Probleme mit/brauchen Unterstützung bei:

- der unterschiedlichen Wortstellung im deutschen Haupt- und Nebensatz.
- der Verwendung des Kopulaverbs *sein* im Präsens (*Ich bin ein König*).
- der Wortstellung Adjektiv vor Nomen (*schönes Wetter*).

---

12 Für die Auswahl der hier dargestellten Sprachen haben wir uns an aktuellen Statistiken des Statistischen Bundesamtes (Ausländerstatistik, abrufbar unter: https://www.destatis.de/DE/ZahlenFakten/GesellschaftStaat/Bevoelkerung/MigrationIntegration/Methoden/Auslaenderzentralregister.html) sowie an den im IQB Bildungstrend 2015 zusammengefassten größten Zuwanderungsgruppen in Deutschland (Stanat et al. 2016, S. 434 ff.) orientiert.

- der Verwendung der vier grammatischen Fälle im Deutschen (Nominativ, Akkusativ, Dativ, Genitiv).
- der Deklination von Adjektiven, wenn Begleiter wie Pronomen oder Artikel vorangehen (z. B. *dieses gute Essen, den netten Jungen);* Folge: Lerner lassen die Endung weg.
- der Bildung von Präpositionalphrasen mit Wechselpräpositionen, die mit unterschiedlichen grammatischen Fällen verwendet werden (z. B. *in das Haus hineingehen, in dem Haus wohnen*).
- dem Erlernen des deutschen Schriftsystems (z. B. lateinische Ausgangsschrift, Schreiben von links nach rechts, Groß- und Kleinschreibung).

Lerner mit **Bosnisch/Serbisch/Kroatisch** als Erstsprache haben häufig Probleme mit/brauchen Unterstützung bei:

- dem Erwerb des deutschen Artikelsystems.
- dem Formenreichtum einiger grammatischer Kategorien des Deutschen (z. B. die Pluralbildung bei Nomen, Kasusmarkierung durch Artikel).
- dem Erwerb des grammatischen Geschlechts, weil sich bei vielen Wörtern das deutsche grammatische Geschlecht und das bosnische grammatische Geschlecht unterscheiden.
- der Verwendung von bestimmter und unbestimmter Verneinung (*ich schaffe es nicht pünktlich* vs. *ich habe keine Zeit*).
- der im Deutschen obligatorischen Verwendung von Personalpronomen wie z. B. bei *Ich gehe nach Hause.*
- der Verwendung des richtigen Hilfsverbes bei Vergangenheitsformen (*ich habe gegessen* vs. *ich bin gelaufen*)
- der Verwendung trennbarer deutscher Verben wie *anziehen (Ich ziehe einen Schal an)* oder *wegrennen (Der Hund rannte weg).*
- der Bildung der Satzklammer bei der Verwendung von Modalverben *(du sollst Hausaufgaben machen).*
- der Verwendung und Deklination von Reflexivpronomen (*sie kämmt sich*)
- den Varianten der Adjektivverwendung im Deutschen: prädikativ (*Das Wetter ist schön*), attributiv (*das schöne Wetter*) und adverbial (*die Sonne scheint schön*).
- dem Erwerb von Präpositionalphrasen in Kombination mit Artikeln (*auf dem Tisch*).
- Aussprache und Schreibweise von Wörtern mit Doppelkonsonanten.

Lerner mit **Bulgarisch** als Erstsprache haben häufig Probleme mit/brauchen Unterstützung bei:

- der Positionierung des deutschen Artikels innerhalb eines Satzes.
- dem Formenreichtum einiger grammatischer Kategorien des Deutschen (z. B. die Pluralbildung beim Nomen, Kasusmarkierung durch Artikel).

- der Verwendung des Dativs (*die Frau gibt dem Hund einen Knochen*)
- der im Deutschen obligatorischen Verwendung von Personalpronomen wie z. B. bei *Ich gehe nach Hause.*
- der Verwendung von bestimmter und unbestimmter Verneinung (*ich schaffe es nicht pünktlich* vs. *ich habe keine Zeit*).
- der Verwendung trennbarer deutscher Verben wie *anziehen (Ich ziehe einen Schal an)* oder *wegrennen (Der Hund rannte weg).*
- dem Erwerb von Präpositionalphrasen in Kombination mit Artikeln (*auf dem Tisch*).
- Aussprache und Schreibweise von Wörtern mit Doppelkonsonanten.
- dem Erlernen des deutschen Schriftsystems (lateinische Ausgangsschrift).

Lerner mit **Italienisch** als Erstsprache haben häufig Probleme mit/brauchen Unterstützung bei:

- der deutschen Verbstellung.
- der Verwendung von bestimmter und unbestimmter Verneinung (*ich schaffe es nicht pünktlich* vs. *ich habe keine Zeit*).
- der Bildung korrekter Verbendungen (*ich gehe, du gehst* etc.) und die Unterscheidung der regelmäßigen und unregelmäßigen Verbkonjugation.
- der Verwendung trennbarer deutscher Verben wie *anziehen (Ich ziehe einen Schal an)* oder *wegrennen (Der Hund rannte weg).*
- der Bildung der Satzklammer bei der Verwendung von Modalverben *(du sollst Hausaufgaben machen).*
- dem Erwerb des deutschen Kasussystems, der dazugehörigen Deklination von Nomen, der Kasusmarkierung am Artikel und der Verwendung von Verben, die einen bestimmten Kasus verlangen (z. B. *ich frage ihn, ich schreibe ihm einen Brief*).
- dem Formenreichtum einiger grammatischer Kategorien des Deutschen (z. B. die Pluralbildung beim Nomen, das grammatische Geschlecht).
- der Verwendung reflexiver Verben mit dem passenden Pronomen (*sich waschen, sich freuen*).
- den Varianten der Adjektivverwendung im Deutschen: prädikativ (*Das Wetter ist schön*), attributiv (*das schöne Wetter*) und adverbial (*die Sonne scheint schön*).
- dem Verständnis und der Produktion verschmolzener Präpositionen (*ich war beim Arzt).*
- die Aussprache von Wörtern, die auf Konsonanten enden (z. B. *Topf, Krug*).
- der Aussprache von Umlauten.
- die Aussprache des Lautes *H* am Wortanfang.

Lerner mit einer **persischen Sprache (Farsi/Dari)** als Erstsprache haben häufig Probleme mit/brauchen Unterstützung bei:

- dem Erwerb des deutschen Artikelsystems.
- dem Formenreichtum einiger grammatischer Kategorien des Deutschen (z. B. das grammatische Geschlecht).
- der Wortstellung Adjektiv vor Nomen (*schönes Wetter*).
- der Aussprache (z. B. bei Konsonantenfolgen am Wortanfang wie bei *Svenja* oder *Standard*.
- dem Erlernen des deutschen Schriftsystems (z. B. lateinische Ausgangsschrift, Schreiben von links nach rechts, Groß- und Kleinschreibung).

Lerner mit **Polnisch** als Erstsprache haben häufig Probleme mit/brauchen Unterstützung bei:

- der Aussprache von Doppelkonsonanten (*Anna*) oder Konsonantenkombinationen (*spielen*).
- der Verwendung von bestimmten und unbestimmten Artikeln.
- dem Erwerb des grammatischen Geschlechts, weil sich bei vielen Wörtern das deutsche grammatische Geschlecht und das polnische grammatische Geschlecht unterscheiden.
- der Kennzeichnung der vier deutschen grammatischen Fälle durch den Artikel.
- der Verwendung von bestimmter und unbestimmter Verneinung (*ich schaffe es nicht pünktlich* vs. *ich habe keine Zeit*).
- dem Erwerb der Pluralformen im Deutschen.
- der obligatorischen Verwendung von Personalpronomina in Sätzen wie *ich komme heute spät nach Hause*.
- der Verwendung von Hilfsverben bei Vergangenheitsformen wie *ich habe gestern gelacht*.
- der Verwendung trennbarer deutscher Verben wie *anziehen (Ich ziehe einen Schal an)* oder *wegrennen (Der Hund rannte weg)*.
- der Verwendung von Modalverben *(du sollst Hausaufgaben machen)*.
- der Verbendstellung im Deutschen Nebensatz.

Lerner mit **Rumänisch** als Erstsprache haben häufig Probleme mit/brauchen Unterstützung bei:

- der deutschen Verbstellung.
- der Verwendung des korrekten Artikels.
- der Wahl des korrekten grammatischen Falls (vor allem in Zusammenhang mit der Verwendung von Präpositionen) sowie der Bildung von Einzahl und Mehrzahl an Substantiven).

- der Verwendung des richtigen Hilfsverbes bei Vergangenheitsformen (*ich habe gegessen* vs. *ich bin gelaufen*).
- der Aussprache eines Vokals als lang oder kurz (*Hölle – Höhle*)
- der Schreibweise von Wörtern mit den Buchstaben *Z* und *J*. (Die Buchstaben *Z* und *J* stehen im Rumänischen für andere Laute.)

Lerner mit **Russisch** als Erstsprache haben häufig Probleme mit/brauchen Unterstützung bei:

- der deutschen Verbstellung.
- dem Erwerb bestimmter Artikel.
- dem Erwerb der Pluralformen im Deutschen.
- der Verwendung von bestimmter und unbestimmter Verneinung (*ich schaffe es nicht pünktlich* vs. *ich habe keine Zeit*).
- dem Erwerb der Zeitformen Perfekt (*ich habe gespielt*) und Plusquamperfekt (*ich hatte gespielt*).
- der Verwendung trennbarer deutscher Verben wie *anziehen (Ich ziehe einen Schal an)* oder *wegrennen (Der Hund rannte weg)*.
- der Verwendung und Deklination von Reflexivpronomen (*sie kämmt sich*).
- dem Erwerb von Präpositionalphrasen in Kombination mit bestimmten Artikeln (*auf dem Tisch*).
- dem Verständnis und der Produktion von bedeutungsleeren Subjekten wie *es* in *Es regnet heute* oder *man* in *Man kann die Kiste öffnen*.
- den Varianten der Adjektivverwendung im Deutschen: prädikativ (*Das Wetter ist schön*), attributiv (*das schöne Wetter*) und adverbial (*die Sonne scheint schön*).
- Unterscheidung zwischen kurzen und langen Vokalen wie bei *er kam* und *der Kamm* (zeigt sich auch in der geschriebenen Sprache).
- der Aussprache des Lautes *R*.
- der Aussprache und Lesen von langen deutschen Wörtern.
- dem Erlernen des deutschen Schriftsystems (lateinische Ausgangsschrift).

Lerner mit **Türkisch** als Erstsprache haben häufig Probleme mit/brauchen Unterstützung bei:

- der deutschen Verbstellung.
- dem flektierenden Prinzip des Deutschen, d .h. das in einer Endung gleichzeitig verschiedene grammatische Markierungen zum Ausdruck gebracht werden können (z. B. in *Der Junge spielt mit den großen Hunden* wird durch die Endung von *großen* sowie durch die Endung von *Hunden* sowohl die Mehrzahl des Wortes als auch der grammatische Fall Dativ markiert.)
- dem Formenreichtum einiger grammatischer Kategorien des Deutschen (z. B. die Pluralbildung bei Nomen, das grammatische Geschlecht).

- den zahlreichen Funktionswörtern im Deutschen (Pronomen, Artikel, Präpositionen, Konjunktionen, Hilfsverben, Modalverben, Partikeln).
- der Aussprache (z. B. bei Konsonantenfolgen am Wortanfang wie in *Pfeife*; bei zwei Vokalen in derselben Silbe wie in *Maus* und einige weitere mehr).
- der Laut-Schrift-Zuordnung (z. B. die unterschiedlichen Laute des Buchstabens *V* wie in *Vater* oder *Vase*).
- der substantivischen Großschreibung.

Weiterführende Literatur

Leser/innen, die sich umfangreicher zu den einzelnen oder auch zu anderen Sprachen informieren möchten, empfehlen wir folgende Lektüre:

Krifka, M./Błaszczak J./Leßmöllmann A./Meinunger A./Stiebels, B./Tracy, R./Truckenbrodt, H. (Hrsg.) (2014): Das mehrsprachige Klassenzimmer. Über die Muttersprachen unserer Schüler. Berlin, Heidelberg: Springer VS.

Zusammenfassende Informationen mit Tonbeispielen finden Sie außerdem auf den Webseiten des Projektes »ProDaZ: Deutsch als Zweitsprache in allen Fächern« der Universität Duisburg Essen: https://www.uni-due.de/prodaz/einzelsprachen.php (Abruf am 18.04.2017).